초록, 너는 번지지 마라

현대수필가100인선 Ⅱ·31

초록, 너는 번지지 마라

박장원 수필선

수필과비평사 · 좋은수필사

■ 책머리에

　수필은 누구나 부담 없이 읽고, 마음만 먹으면 직접 쓸 수도 있는 가장 친근한 문학이다. 다른 영역의 문학이 영상매체에 밀려 신음하고 있는 중에도 수필 인구만은 날로 증가하여 바야흐로 수필 전성시대를 구가하고 있는 이유도 거기에 있을 것이다.
　시대적 추세에 힘입어 수많은 수필전문지, 수필동인지가 창간되고, 이에 비례하여 신진 수필가도 날로 늘어나다 보니 이제는 그 많은 작가, 그 많은 작품 중에서 문학성 높은 작품을 가려 읽는 일이 쉽지 않게 되었다. 이런 현상은 작가에게나 독자에게나 결코 바람직한 일이 아니다. 더 나아가서는 수필을 연구하는 후세들에게도 큰 부담이 될 것이다.
　이런 문제를 해결하는 데는 출판인도 마땅히 한몫을 감당해야 한다는 평소의 소신에 따라, 본사가 기꺼이 그 역할을 맡기로 했다. 그 첫 번째 사업으로 시대를 대표할 만한 수필가 100인을 선정하고, 작가가 자선한 40편 내외의 작품을 수록한 문고본을 발간하여 이를 널리 보급함으로써 그 소임을 다하고자 한다.
　본사는 사명감을 가지고 이 사업을 추진해 나가기로 했다. 작가 선정을 전담할 편집위원회를 구성하고 전권을 위임하여 일체의 사적인 정실이나 청탁을 배제함으로써 전문성과 공정성을 확보해 나갈 것이다.
　따라서 이 기획물 속에는 작가의 문학정신뿐만 아니라, 본사의 문학사적 기여 의지와 편집위원 제위의 수필문학에 대한 애정과 문인으로서의 양심이 함께 담겨 있음을 자부한다. 다만, 작가를 선정하는 기준에는 많은 견해의 차이가 있을 수 있고, 선정 과정에서도 미처 챙기지 못한 부분이 있을 것이라는 사실만은 인정하지 않을 수 없다. 이 점에 대해서는 관계자 여러분의 양해 있으시기 바란다.

  이 시리즈의 발간 순서는 작가, 또는 본사의 사정에 의한 것일 뿐 그 밖의 어떤 기준도 적용하지 않았음을 밝힌다.

  본 기획물이 시대를 초월한 많은 수필 애호가들의 관심과 애정 속에 우리나라 수필문학 발전에 한 이정표가 되기를 바랄 뿐이다.

  본사에서는 이상과 같은 취지로 『현대수필가 100인선』 전 100권을 완간하여 큰 반향을 불러일으킨 바 있다.

  그러나 우리 수필문단의 규모나 수필문학의 수준에 비추어 선정 작가를 100인으로 한정하는 것은 형평성이나 효율성 면에서 크게 부족하다는 의견이 많았고, 본사 또한 이를 통감하던 터라 기꺼이 『현대수필가 100인선 Ⅱ』를 발간하기로 했다.

  본사의 충정에 찬동하여 출판에 응해주신 저자 여러분에게 감사한다.

2014년 9월

수필과비평 · 좋은수필 발행인 서정환
현대수필가 100인선 간행 편집위원 박재식   최병호
정진권   강호형
오세윤

| **차례** | 현대수필가100인선 II · 31

1_부 복숭아

나비야 청산가자 • 12
아카시아 • 14
섬 • 16
무리지어 피는 꽃 • 19
우정雨情 • 22
무 • 25
복숭아 • 29
비悲 • 32
해조음 • 35
서역왕자 • 37

2_부 토마토

어떻게 지내세요 • 40
할머니 • 43
아버지 • 48
하늘에 있는 바다 • 51
부자대국 • 53
이름 모르는 바다 • 57
토마토 • 60
심각한 농담 • 62
어느 화가의 이야기 • 66
고구마 줄거리 • 71

3_부　히말라야

수막새의 웃음 • 76
동動 • 81
차산次山 • 87
두루 • 90
구원久遠 • 97
사유 • 102
양수리 • 106
히말라야 • 109
살구꽃 핀 마을 • 112
깊은 우물 • 115

4_부 붉은 소나무

방앗간 • 120
말하는 잎새 • 124
장독은 허리가 없다 • 126
초록, 너는 번지지 마라 • 129
붉은 소나무 • 131
낙타 • 134
청운산장 • 137
물푸레나무 • 140
언덕 • 144

■ 작가연보 • 146

복숭아

1부

나비야 청산가자
아카시아
섬
무리지어 피는 꽃
우정雨情
무
복숭아
비悲
해조음
서역왕자

나비야 청산가자

푸른 산은 가만있는데, 흰 구름만 오락가락.
[靑山元不動, 白雲自去來.]

당나라 어느 선사의 글.
시심도 깊고 운치도 빼어나다.
청산은 예나 지금이나 그러하지만, 백운은 어디로 갔는지 알 수 없다는 무상한 인간사를 담담히 읊조렸다.
지나간 시간이 꿈같은 세월인지 아닌지 잘 모르겠지만, 돌아보면 푸른 하늘을 떠돌던 흰 나비처럼 덧없는 자취일 뿐이다. 밟아 온 발자국마다 눈물만 고였다고 속상해 할 뿐, 만고의 인걸도 아니니 어디다 하소연 할 데도 없다.
그 청산을 향해 날아가는 나비가 있다.

하얀 나비, 푸른 산을 향해 날아가는 그 날갯짓이 숨 가쁘다. 고단한 길을 떠나지만 청산은 멀기만 하다. 가다 가다 저물면 꽃에서, 그도 아니 꽃도 하마 시들면 잎에서 자고 갈 요량이다.
아무튼 높은 산, 깊은 바다로 날아만 간다.

요즈음, 인파로 붐비는 세상이 새삼 조심스럽다.
적어도 내가 사랑이 되고 위로가 되지 못하는 것을 잘 알기에, 이웃에게 불편함과 번거로움을 끼치지 않으려고 안간힘을 쓴다. 쉽게 말해 나이 들어 조신해 진 것은 아니고, 살다보니 소심해졌다.
그래도 어찌하겠는가.
오늘 하루, 나름 싱그럽게 보내야 하지 않겠나.
그것을 향해 팔락팔락 날아가는 그 힘찬 움직임을 떠올리면서.
그러고 보니, 흰 구름이 오락가락 한 것도 바로 청산을 보려던 것은 아닌지.

나비야 청산가자 범나비 너도가자.
가다가 저물거든 꽃에서 자고가자.
꽃에서 푸대접하면 잎에서나 자고가자.

오늘도 청산은 우뚝한데, 아득한 허공에는 흰 구름이….

아카시아

아카시아 계절이 오면 꼭 가보고 싶은 곳이 있다.

"여기 좀 보세요. 흰 수채화 물감이 산 속에 번져요. 아카시아가 한창이예요. 이곳은 경춘선 종점인 춘천에서 시내버스를 타고 소양강에 오시면 양구 가는 배가 있는데, 그 배가 두 번째 정박하는 섬이에요. 섬이 온통 하얘요. 그윽하게 뿜어대는 것은 향기이고요, 꽃들이 있는 곳에 저도 있어요."

어쩌다 보게 된, 친구와 연애하던 깨알 같았던 여 선생님 엽서의 일부분이다.

5월이 시작되면 강산은 아카시아 향기에 잠긴다. 바람결에 흐르는 아가씨 향기. 송아리 송아리 흐드러지는 아카시아 꽃, 흰 꽃송이 일렁이는 오뉴월 하늘은 동심의 고향.

누렇게 굶주린 산하에서 아카시아는 비단 휘장처럼 펄럭였다. 폭염의 땅 아프리카에서 한 알 씨앗으로 이방에 와서 반란을 일으킬 것처럼 나부꼈다. 싱그러운 이파리는 보릿고개 부황난 사람들 얼굴에 생기 주었고, 꿀이라도 흐를 것 같은 꽃내음 속에서 사람들은 소박한 꿈을 가다듬었다. 노자 없어 벚꽃놀이 못간 가난한 사람들 늦게나마 위로 잔치 해주듯 화사하게 흥청거렸다.

오산 내 고향 중밋고개에는 아카시아 향기가 서리서리 서려 있었다.

유년시절, 친구와 함께 그 길을 걸으면서 아카시아 꽃으로 타는 목 달래려고 질리도록 따먹었다. 바지 주머니에 꽃물이 흥건히 배이도록 꽃을 쟁였다. 꽃이 탐스럽게 달린 가지 꺾어 따가운 태양 가린다고 머리에 뒤집어쓰고 체육대회 열리는 곳까지 까만 고무신 끌고 타박타박 걸어갔다. 50리는 족히 되는 길가에 핀 아카시아는 이정표였고 위안이었다. 화려한 길목에 서서 아카시아는 우리를 향해 오래도록 하얀 손을 흔들어 대고 있었다. 올해도 아카시아 풍년들면, 옹근 첫여름 푸르름 속에 실실한 아카시아 꽃타래가 은초롱 금초롱처럼 걸쳐지고, 때를 만난 벌들은 부지런히 주렴 속을 드나들겠다.

아카시아 계절 오면 꼭 그 곳을 찾아보리라.

섬

새벽녘 태양이 섬을 일렁이게 한다.
바다 한가운데 단잠에서 막 깨어나는 떼섬들이 웅얼웅얼한다.
흩뿌린 듯한 땅들이 꼼지락 꼼지락거리며 하늘을 향해 기지개를 켠다.
살아 숨쉬는 섬.
바다에 섬이 없다면 망망하였을 터이지만, 다행히도 언뜻언뜻 솟아 있어 보는 이에게 광막함에서 오는 피로감을 덜어준다.

남쪽 바다 다도해, 무려 1,700여 섬들이 올망졸망 들어찬 모습을 떠올릴 때, 마치 동물농장에 마소들이 모여 들먹이는 모습이 연상된다. 발랄한 섬들 사이로 사람들이 들락날락

한다. 무심히 지나치면 한 무더기 흙덩이에 불과하지만, 관심을 가지고 지켜보면 예사로운 자취가 아니다.

태초에는 큰 땅덩어리pangaea만이 있었다.

그러던 것이 그만 뿔뿔이 흩어지게 되었고, 어떤 곳은 봉우리만 달랑 남기고 물이 들이차서 그리 되었다. 그리고 그냥 떠 있기가 무료하면 강강술래 한다. 손잡으면 대륙이 되고, 손 놓치면 섬이 된다. 마라도 서남쪽 바다 속에 잠겨 있는 전설의 이어도는 누구와 누구를 이어 주려다 그만 물 아래로 잦아들었을까. 사람들은 왜 그 파랑도를 물 위로 끌어올리려 하는 것인지.

범어梵語로 섬島은 등燈이다.

'자등명 법등명自燈明 法燈明(자신의 섬을 밝히면, 지혜의 섬이 나타난다).'

각해覺海에 떠있는 우리는 영락없는 작고 외로운 섬이다.

나를 밝히지 못하면 영원히 어둡고 메마른 흙더미로 남아 있어야 한다. 어쩌면 칠흑 같은 캄캄한 뱃길을 해도海圖와 나침반도 없이 항해하는 똑딱선 같은 신세에 다름 아니다.

사람과 사람이 모이면 인간이 되는가. 손길 주면 웃고, 등 돌리면 외로워한다. 혼자 내 버려두어도 되는대로 살아가겠지만, 그렇게 산다면 무슨 맛이람.

강화도로 간다. 바다를 보려 거나, 등대를 찾으려 한 것도 아니다. 단지 발길 주기가 편하다는 이유다. 전등사로 향한다.

유서 깊은 고찰 앞마당에 앉아 객쩍게 흥취나 한번 돋우어 볼일.

    人多亦情深, 사람 많으니 정 또한 깊고,
    傳燈更江華. 등 전하니 강 더욱 빛나네.

섬은 등불인가. 그 절과 섬은 무에 그리 깊고 질긴 인연이 있었기에 그리도 의미심장한 이름을 서로 나누어 갖게 되었는가 생각도 해보면서.

반짝거리는 섬들은 피곤해 하는 사람들에게 휴식처 되고 파랑 헤치는 이에게 등대 되어 준다. 섬이 있는 바다는 차분하다.

생생히 살아 숨 쉬는 섬들은 바다를 더욱 아름답게 한다.

무리지어 피는 꽃

 강원도의 이름 모를 한 산등성이를 넘으면서 솜사탕을 깔아 놓은 것 같은 아득한 메밀밭을 보고 그만 넋을 잃고 말았다. 황혼녘의 그 메밀밭은 신기루처럼 갑자기 나타나서 끊임없이 펼쳐졌다. 무심히 지나치는 젊은 군인의 땀에 전 푸른 제복을 어루만지며 메밀꽃은, 초가을의 기우는 햇살을 받아 도도히 흐르는 듯하여 그 감흥이 지금까지도 내 마음속에 잔잔하게 일렁이고 있다.

 달빛 아래의 메밀꽃을 효석이 그냥 지나칠 리가 없다.
 "산허리는 온통 메밀밭이어서 피기 시작한 꽃은 소금을 뿌린 듯이 흐뭇한 달빛에 숨이 막힐 지경이다."
 그는 《메밀꽃 필 무렵》에서 메밀꽃을 그려냈었지만, 나는 무리 지어 피었던 아름다운 그 꽃들처럼 살겠다는 다짐을 하였다.

무리 지어 아름답게 피는 꽃들은 많다.
어린 기억에도 잊지 못할 생생한 꽃들이.
4월부터 백색 또는 담홍색으로 피는 복숭아꽃이 그 중 하나이다. 내게 선연하였던 복숭아밭은 공동묘지 가는 마을 어귀에 자리 잡고 있었다. 꽃이 한창 피기 시작하면 나 어린 가슴에도 꽃바람이 살랑살랑 불어댔다.
산자락을 뒤덮으며 담홍빛의 소근 거림과 흰 울음 같은 것을 하루 종일 토해 냈던 복사꽃이 지기 시작할 즈음, 이웃집 한분이 누나는 열매에 봉지를 씌우려고 복숭아밭에 나가곤 하였다. 우리는 하루 종일 누나가 어서 일을 마치고 돌아오기를 목 빼고 기다렸다. 누나가 돌아오면 풋 복숭아 몇 알 씩 얻어먹을 수 있었다. 복숭아를 조심스럽게 갉아먹고 나서는, 장난삼아 흰 복숭아씨를 손가락으로 톡톡 터뜨리곤 하였다.
회오리바람이 을씨년스럽게 불던 어느 날, 동네 꼬마 아이가 농약복숭아를 따먹고서 짧은 목숨을 거두었다. 그 작은 시신이 광목에 싸여 복숭아밭 너머의 무덤으로 옮겨지는 것을 보았다. 며칠 동안 그 아이 할머니의 애통한 울음이 복숭아밭에 나지막이 깔렸다. 비록 서둘러 저 세상으로 간 어린아이의 슬픈 추억에 가슴 저렸지만, 복숭아밭에는 왠지 모르게 새록새록 피어나는 연분홍 꿈들이 소곤거리는 것만 같았다. 그 무렵이면, 배꽃마저

자잔하게 터진다. 마치 소복을 입은 월궁항아月宮姮娥 같다. 샛바람 불어 배 밭이 출렁이면 눈보라가 흩날리는 듯한 착각에 고개가 움츠러들곤 하였다.

  무리 지어 피는 꽃.
  어우러지면 어우러질수록 멋들어진 꽃.
  그러한 꽃들이 복사꽃, 배꽃, 그리고 장성해서 본 메밀꽃이 아니었던가. 그 꽃들을 떠올리며 하릴없이 생각에 잠기게 된다.
  하나 하나의 꽃을 보면 보잘 것 없고 품위도 별로 없지만, 한데 모여서 어우러지매 은근한 감동을 주는 꽃들.
  그렇게 무리 지어 피는 꽃들을 나는 좋아한다.

우정雨情

 앞산 등줄기 따라 안개구름이 나지막하게 깔려 있다.
 듣거니 맺거니 한두 방울 떨구더니 이내 머리 위에 와르르 한다. 우물가 산옥매 도담스런 꽃잎이 세찬 비에 우수수 쏟아진다. 비가 날리는지 꽃잎이 날리는지 조용한 산사가 비에 잠기니 마치 어머니 나간 집처럼 적적하다.
 여름비는 잠비요 가을비는 떡비라고 하는데, 지금 내리는 비는 대관절 무슨 비인가. 빗소리를 자장가 삼아 한참을 늘어지게 자고 있는데, 공양주 보살님이 전화 왔다고 장지문을 흔들어댄다. 문 열고 밖을 내어다 보니 앞마당에 빗발이 아우성이다.

 "나다. 부산 출장 가는 길인데 너랑 하룻밤 묵어가려고."

뒤뜰로 가서 우물물 한 두레박을 대야에 들이붓고 머리를 푸욱 담근다.

"어푸우!"

우산을 펼치고서 비 한가운데 섰다. 작은북 두드리는 소리. 고개 들고 하늘을 올려다보니 낮은 구름이 코끝으로 달려든다. 얼굴에 떨어지는 촉촉한 빗방울들.

절 문 앞 느티나무 곁으로 가서 일주문 쪽을 바라보는데, 땅에 빗방울이 산산이 튀면서 종아리를 간질간질 긁어댄다. 잠시 후 택시 멈추는 소리가 들리더니, 비닐우산이 활짝 펼쳐진다. 듬성듬성한 삼림 사이로 파란빛이 화려하다. 우산을 팔락팔락대며 비탈길을 올라오는 친구의 발걸음이 경쾌하다. 작은 체구의 그가 나를 알아보고 우산든 손을 번쩍 치켜들며 환한 미소를 지어 보인다. 그 표정이 대웅전에 계시는 부처님 상호 같이 개자하다.

나란히 뒷산에 올랐다. 누그러진 빗속 머얼리 질주하는 고속도로의 차량들이 한가롭다. 손수건을 꺼낸 그가 눅눅해진 안경을 정성스레 닦는다. 까만 안경테가 하얀 얼굴에 잘 어울린다. 청하지도 않은 노래를 부른다.

"청산에 살어리랏다, 머루랑 다래랑 먹고…."

어스름 저녁, 투박한 농촌 마을에 밥 짓는 연기가 하나 둘

피어오른다. 어디선가 철 이른 뜸부기 소리가 '뜸북! 뜸북!' 하고 들리는 것 같다.

   호젓한 산사 작은 방에서 우리는 저녁상을 마주 하고 앉았다. 방바닥이 뜨듯하다. 소찬을 물리고 저녁예불에 들었다. 예불 소리와 빗소리 어우러지는 으늑한 암자에 고요히 밤이 깊어 간다.

   호롱불은 가물가물 창호지에 드리우는데 우리들 이야기는 밤새도록 끊이질 않는다.

   비는 내리는데.

무

 가을날 끝없이 펼쳐진 무밭을 지나는 마음 흐뭇하다.
 한 움큼 무청 밑으로 윗둥아리는 퍼렇게, 밑 둥은 살을 하얗게 드러내 놓고 싱그럽게 자라는 무를 보노라면 괜스레 유쾌하다.
 종일 들일로 지친 몸을 추스르며 집으로 돌아가다가, 마른 목 축이려고 동그스름 오달진 모양새가 암팡져 보이는 무 한가락 뽑아 잎새는 비틀어 버리고 엄지손가락으로 껍질을 술술 벗기면 이내 파르스름한 속살을 드러내고야 만다. 쪽물이 흘러내릴 것 같은 무를 어석어석 씹어 먹는 맛이 여유롭다.
 보릿고개 굽이쳐 휘돌던 가난한 농가에 무 있어 넉넉하다.
 봄엔 짠지로 떨어진 입맛 돋우고, 여름엔 꽁보리밥에 고추장을 푹 떠 넣고 석석 비벼 먹는데 안성맞춤인 열무김치 있으며, 가을엔 따끈따끈한 이밥에 제격인 총각김치, 겨울엔 시원한 동치미와 나박김치가 있으니 무는 사시사철 옹색한 밥상에 단연 돋보이는 먹을거리이면서도 영 물리지 않는 반찬이다.

　무 재배는 인류의 시작만큼이나 역사가 깊다.

　고대 이집트에선 피라미드 건설에 모여 든 일꾼들에게 양파와 마늘 및 20일 무를 주었다. 우리나라에서는 삼국시대부터 심기 시작하였다고 전한다. 비록 이집트보다 뒤떨어지지만, 무의 효용가치를 인식하고 애환을 함께 한 역사는 우리나라가 단연 으뜸이라는 생각을 해 본다. 조선시대 《한정록閒情錄》에는, "달이면 달마다 심을 수 있고, 달이면 달마다 먹을 수 있다(月月可種. 月月可食)."고 했다. 생각건대, 무는 우리 식탁의 감초라고 해도 어긋나지 않는 말이리라.

　무는 무엇 하나 버릴 것이 없다.

　열무나 총각무 다듬는 것을 가만히 지켜보노라면, 잎사귀 끝을 살짝 쳐내고 흙과 실뿌리를 칼등으로 쓱쓱 떨어내는 손놀림이 정말 눈 깜작할 사이에 끝나 버린다. 가을에 지천으로 남아도는 무청을 가지런히 엮어 양지바른 담벼락에 걸어 놓고서, 쌀뜨물에 고추장 된장 풀어 시래깃국 끓여 먹으면 뱃속이 푸근하다. 김장할 때 배추 속으로 쓰는 무는 꼭대기까지 채를 쳐대고 남은 것을 따로 모아 두있다가 깍두기 할 때 어슥어슥 썰어 덧뿌린다. 깍두기보다는 약간 크고 넓적하게 썰어 가을햇살에 바짝 말리면 무말랭이가 된다. 육질이 단단한 청무는 양지에 구덩이를 깊게 파고 나중에 꺼내 먹기 좋게 짚으로 숨구멍을 내놓고 애기무덤처럼 봉긋하게 흙으로 꼭꼭 덮어둔다. 정월 나박김치 할 때, 겨우내 잠자고 있는 그 놈들의 배때기를 한쪽 어깨가 빠지도록 엎어져서 쇠꼬챙이로 폭폭 찍어 올리는 손맛이 짜릿하다.

　무맛이라는 말이 있다. 아무 맛도 없다는 뜻이다. 그러나 무맛을 제대로 아는 사람은 좀체 그 맛을 잊지 못한다. 귀한 손님에게 무밥이라는 것을 대접하였는데, 굵게 채 썬 무를 쌀 위에 가지런히 얹고 물을 낙낙하게 잡아 얕은 불에 자작자작 돌솥 밥을 짓고는 진간장에 파 마늘 고춧가루 참기름 등으로 양념장을 하여 살살 비벼 먹는데 한번 맛들인 사람은 두고두고 무 밥맛을 잊지 못한다. 추수가 끝나면 무시루떡을 해먹는데, 댕댕이 넝쿨로 뜬 시루 밑을 깔고 소금 간을 한 삶은 팥을 뿌리고 멥쌀가루를 한 켜 두르고 채친 실무를 살살 뿌리면서 채곡채곡 시루를 채운다. 시루를 가마솥에다 정성스레 안치고 방구들이 절절 달아오르도록 쪄서 김이 펄펄 나는 무시루떡을 앉은자리에서 먹는 그 맛이란 지금은 차라리 물 건너 간 맛이다.

　무어니무어니 해도 무맛은 동지섣달 동치미 맛이다.

　동치미 담그는 법은 지방마다 다르지만 물하고 소금만 있어도 된다. 간을 잘못 맞추면 단박에 시금털털해지고, 제대로 익기 전에 바람들면 맛이 소태처럼 쓰다. 분명한 것은 식전에 동치미 국물을 한 술 뜨면서 "카아!" 소리가 나오지 않는다면 제 맛이 아니다. 밥을 다 먹고서 동치미 국물을 훌훌 들이키면 오장이다 후련해진다. 동치미 약간 언 것을 길게 썰어 얼음 조각 둥둥 떠다니는 국물에 막국수와 함께 말아먹으며 보내던 겨울밤이 못내 그립다.

무는 약간의 비타민과 탄수화물을 함유하고 있다. 영양면에서 요사이 범람하는 고단백 식품과 비교하면 끝에서부터 꼽아야 한다. 하지만 무 하나만으로도 그처럼 다양한 음식을 창조해 낸 민족은 세상 어디에도 없을 것이다. 실로 무에는 한국인의 담박淡泊한 정서가 담뿍 배어 있다.

복숭아

　향긋한 그 냄새.
　장맛비가 퍼붓는 2호선 당산역 주변 노점에 발긋한 복숭아. 덮어 놓은 비닐을 두드리는 빗소리 자욱하고 빗물 고여 흥건한데, 그 속에서도 코를 강렬하게 후벼대는 그 냄새는 여전하였다. 눅눅한 여름에 마구 진동하는 복숭아 향기.

　봄이 되면 송이장님네 커다란 기와집 앞마당에 빨간 복숭아 나뭇가지가 가지런하였다. 불쏘시개로 쓰기 위해서 말리는 것이다. 오며가며 낭창낭창한 그 나뭇가지를 뽑아들고 칼싸움도 하고, 피우지 못한 버들강아지 같은 꽃눈을 똑똑 따기도 하였다.
　어린 시절, 커다란 함지박을 머리에 이고 떡이나 생선 그리고 과일을 팔러 다니는 아주머니들을 종종 볼 수 있었다. 떡과 생선을 팔러 다니는 아주머니는 불쑥 집안으로 들어와서 흥정을 시도하였는데, 과일장사 아주머니들은 집 앞을 천천히 지나쳤다. 누가 부르면 그 무거운 짐을 조심스레 내려놓곤 하였다. 울긋불긋 복숭아를 빼곡하게 높게 차곡차곡 쟁였는데, 멀리서 보면 홍도화 한 무더기가 화사하게 핀 것 같았다.

어머니는 함지박 내리는 것을 도와준다. 같이 맞잡고서 천천히 내리면, 머리에 얹혀있던 또아리가 투욱 떨어진다. 어떤 때는 붉고 딱딱한 황도, 어떤 때는 희고 과즙이 물컹한 백도. 딱딱한 것은 힘주어 뽀드득 뽀드득 소리가 나도록 씻지만, 물렁물렁한 것은 물에 살살 시친다. 털봉숭아를 씻으면 물에 솜털이 하얗게 뜬다.

단맛과 신맛이 어우러진 풍성한 여인네 엉덩이를 닮은 수밀도는 꿀물이 줄줄 흘러 먹기에 조심스럽고, 단단한 과육을 사각사각 씹는 맛이 상쾌한 천도복숭아는 먹을 때 요모조모 재미있다. 살과 씨가 딱 떨어지는 것도 있지만, 말미잘 촉수 같이 붙어있는 것도 있다. 사탕 빨아 먹듯이 입 안에서 오물오물 거리면 씨만 남는다.

대문 정면 마당 끝에 개복숭아 한 그루가 자랐다. 연분홍 꽃이 피었고 어느새 열매가 다닥다닥 달렸다. 그러던 어느 날, 지나가던 낯선 아주머니가 어머니를 찾았다. 심각하게 이야기를 나누었고, 대처에서 내려 온 듯한 말쑥한 그 아주머니가 대문을 나설 때 어머니가 차비하라며 적지 않은 돈을 건넸다. 그리고서 그 나무는 싹둑 잘라져버렸다. 대문과 마주하면 액운을 불러들인다 하였다.

고향에는 복숭아밭이 많았다.

동구 개울 앞 찐빵집, 그 뒤편에 과수원 하던 형네가 있었다.

복숭아를 따면 나무궤짝에 담아 새끼줄로 묶어 우마차에 실어 다리 옆 공터에 쌓아놓았다. 저녁에 트럭이 부릉부릉 와서 그 복숭아를 하늘 높이 싣고서 서울로 갔다. 복숭아가 떠나고 나서도 오랫동안 그 냄새가 진동했다. 아직도 코끝에 찡하다.

역전 수양버들 축 늘어진 가게 앞에는 커다란 광주리에 복숭아를 수북 쌓아놓고, 몇 개에 얼마라는 종이팻말을 끼워놓았다. 기다란 나무의자도 있었다. 지나가던 나그네가 나무 그늘 아래서 바람을 등지고 구둣솔로 요리조리 돌려가며 마치 구두 닦듯이 복숭아털을 싹싹 털어내는 정경이 지금도 아른거린다.

길을 가다가, 가끔 이런 말을 듣곤 한다.

"왜, 느닷없이 복숭아가 먹고 싶냐."

비悲

추석을 며칠 앞둔 화창하던 날, 박경리 선생께 인사드리려 원주 토지문화관을 찾는다.

동행과 반갑게 인사를 나누고는, 처음 보는 나를 웃으며 반기신다. 맑은 얼굴에 하얀 머리칼 그리고 검정 테 안경을 쓰고, 분홍빛 원피스에 청자켓을 입은 선생은 자리를 하자마자 올가을 고추를 잘 말렸다며 자랑스러워하신다. 한쪽 무릎을 곧추세우고 연신 담배를 피우면서 이런저런 살아가는 이야기에 흥겨워하시는데, 창문에는 밝은 가을 햇살이 가득하고 거실 한 귀퉁이 커다란 화분에 양란이 활짝 피었다.

생명에 대하여 관심이 깊은 선생은 요즈음 석가모니의 대자대비大慈大悲를 화두로 삼아 깊은 상념중이라 하신다. 넓은 사랑과 커다란 슬픔이 불법의 상징이 되었는데, 그런 자애와 연민이 어떤 모습으로 어떻게 나타나는 것인지에 대하여.
 차도 마시고 배도 깎아먹다가 시간이 되어 나서는데, 선생은 앞서서 배웅하신다. 의외로 조그마한 뒷모습에는 세월의 그늘이 짙다. 가파르다 싶은 오봉산이 토지를 감싸고 있다. 좁은 비탈길을 내려오는데, 밭 가운데 미루나무 한 그루가 하늘로 훌쩍 치솟았다.

 슬픔은 무엇인가.
 불가의 이상향인 안양安養에는 아무것도 없다는데 허공의 세계를 감히 넘볼 수 없으니, 그래 우리는 매일 울며 지내야 하나. 사랑도 미움도 삶의 버거운 화두이며, 기쁨도 너무 크면 서글픔이 되고, 웃음 뒤에는 슬픔이 늘 도사리고 있다던데. 바쁘면 슬픔은 사라지고 빨리 마르는 것이 눈물일진대, 하릴없는 눈물이 뜨거운 것은 무엇인가.
 우연히 얻게 된 대금의 달인 이생강이 연주한 애창가요를 들으면서, 역시 울적함은 스테디셀러인가 하는 생각을 떨칠 수 없다. 늘 듣던 가락인데도 가슴이 두근거리다가, 이내 처연해지는 곡조가 바로 비애에서 싹을 틔우는 우리네 삶이었다.

 아침에 일어나면 향을 피워 놓는다. 향내는 답답하고 침울한 마음을 편하게 해준다. 오동잎 떨어지면 사랑하는 사람이 그립고, 가랑잎 우수수 하면 부모 생각이 깊어질 어름에 은근과

끈기의 뒤편에 도사리던 슬픔이 더욱 찡해진다. 혹시 나는 본디 그런 존재였나. 모를 일이다. 희로애락이라고 하는데 요사이 어째 슬픔만이 다가오는 것인지. 슬플 때 슬프더라도 마음만은 상하지 말아야 하는데.

  이발소에서 귀밑머리를 치켜 올리니 하얀 눈발이다. 나이를 먹은 것이다. 텔레비전에서 괜한 장면을 보아도 뻔한 노래를 들어도 콧날이 시큰해지건만, 아직 철이 들지 못해 슬픔이 삶에 어떤 작용을 하는지 잘 모르겠다.

  팍팍한 인생에 물기를 더하는 고귀한 슬픔으로 가슴이 아리고 시릴 즈음, 혹 높은 산 절벽에 어리는 안개가 무엇을 뜻하는지 알게 될까나.

해조음

바다의 노래.
장엄한 해조음海潮音.
하얀 모래톱은 인파, 쪽빛 물결은 세파.
밀려온 세월이 파도에 씻겨지고, 세월은 다시 창파처럼 아슴아슴 밀려든다.
밀물과 썰물은 어디에서 만나고, 깊은 해저에는 무엇이 움직이나.

종로 조계사.
대웅전의 석가여래는 늘 조용하지만, 주위 정경은 항상 부산하다. 절 앞마당 회화나무 그늘 평상에 앉아 그윽한 향냄새도 맡고, 보살님들의 물거품 같은 세상살이 이야기도 물결치는 소리처럼 무심히 듣는다.

"내 영혼이여, 연못 평온한 심연으로 떨어지기 전 연꽃잎에 맺힌 옥 같은 이슬 같을 지어다."

연화좌의 부처님은 연못이 바다이고, 연꽃이 사바세계.

아침마다 향을 피운다.
내 방에 모셔진 단아한 금동미륵반가사유상 앞 청자연화문 향꽂이에 선향線香을 살라 올린다.
천년 묵은 침향沈香도 아니고 분향묵좌焚香黙坐의 참선은 아니지만, 일순 주위는 고적해지고 머리는 맑아진다.
법열法悅의 은은한 미소를 짓는 미륵상은 언제나 편안한 모습.
범음梵音이 해조음이면, 침묵은 바로 바다의 노래.
넓고 넓은 바다처럼 아무 말이 없는 부처님.
나는 나를 찾아 바닷가에 있지만, 침묵은 너무나 멀고도 멀다.
옴 마니 반메 훔.

서역왕자

낮게 내려앉은 뿌연 하늘, 높이 날아오르는 누런 모래.
무화無化의 바다 같은 사막.
중앙아시아 천산대협곡 한 자락에는 강물이 흐르고 백양나무 파랗게 늘어선 저편, 모래언덕 천불동의 현자 쿠마라지바Kumarajiva는 신기루를 바라본다.

5호 16국 중국의 혼란기를 풍미하였던 부견符堅. 험한 세상에서 제왕의 영화가 뜬 구름이었다. 쓸쓸히 자신의 세월을 되돌아보았다.
풍진 세월, 극락이 그리웠다.
인도인 아버지와 서역 왕족의 어머니 사이에서 태어난 사람. 모든 것을 헛됨[空]으로 본, 번뇌는 지혜[煩惱卽菩提]라 한 승려,

그가 보고 싶었다.

그를 모셔오라 하였다.

군사들은 엉뚱하게도 석굴의 불토를 유린하고 서역왕자를 무자비하게 희롱하였다. 황제는 그를 만나지 못하고 죽었다. 세월은 흐르고 나라는 바뀌었지만, 장안 사람들은 그를 국사로 받들었다. 햇살에 반짝이는 물방울 같은 공주와 결혼도 하고, 인도인 중국인을 두루 닮은 아장아장 귀여운 아이도 많이 낳았다.

그는 장안 구봉산龜峰山 자락의 초당사草堂寺에서 범어로 된 불경을 한자로 옮겼다. 300권에 달하는 경론이 편찬되었다. 자신의 번역에 잘못이 없다면 화장한 후에도 혀만은 타지 않고 남으리라 하였다.

《반야심경》도 새겼다.

'색도 공이고, 공도 색이다.[色卽是空, 空卽是色]'

중국 최초의 삼장법사인 요진삼장법사구마라집姚秦三藏法師鳩摩羅什은 선잠에 들었다.
무화의 바다가 부른다.
서편 자줏빛 노을을 바라본다.
하늘이 아른아른 다가온다.
있다가도 없고, 없다가도 있다.

토마토

2부

어떻게 지내세요
할머니
아버지
하늘에 있는 바다
부자대국
이름 모르는 바다
토마토
심각한 농담
어느 화가의 이야기
고구마 줄거리

어떻게 지내세요

"어떻게 지내세요."

처음 만나도, 자주 만나도, 전화를 해도, 멀리 떨어진 곳에 편지를 쓸 때도 첫머리를 장식하는 말이며 두 번째 자리를 완강히 마다하는 말이다. 간단한 질문 같지만, 쉬운 대답이 나오기란 기대하기 어렵다.

어제는 사업하고 있는 친구를 만났다. 만나자마자 대뜸 한다는 소리가 요즘이 어떤 시대인데 책을 쓴다고 한가하게 소일하느냐며 에둘러 말하지 않고 나더러 퍽 뭐하다고 하였다. 작금의 책 시장이 치열하게 돌아가고 있다는 것을 깨우쳐 주려는 것인지 불투명한 내 앞길을 진즉 알아보았노라 하는 소리인지, 이것인지 저것인지 또렷이 분간하기 어려워 잠시 멍하였다. 그럴 땐 그냥 맥없이 웃고 마는 것이 상수上數이지만.

귀갓길에 담배를 한 갑 샀다. 무려 육 개월 동안의 금연을 파기하였다. 작년 추석 무렵 한약방을 찾았더니, 젊은 한의사가 담배 태우냐고 묻기에 좋아한다고 하였더니 마치 외계인 취급하며 흡연에다 건강을 맞추려는 나를 동정하는 눈치였다. 그 이후 담배를 멀리하였다. 그리곤 오지랖 넓게 주위 친구들에게 아직도 그 해롭다는 담배를 피우냐며 금연을 넌지시 권하곤 하였다. 그런데 금연과 동시에 사고의 장애가 찾아 들었다. 건강한 육체에 건전한 정신이 깃든다고 하는데 어떻게 된 일인지. 하긴 원래 사유의 넉넉함이 있었던 것은 만에 하나도 아니지만 아무튼 난해한 일이다. 그래 정신력의 함양을 위해 특단의 결심을 잠시 유보한다는 잠정협정 modus vivendi을 맺어야만 했다.

요즘 어느 공중파 방송 화면에 '체험! 세계의 오지'가 펼쳐진다. 이번 주에는 티벳 편이 방영되었는데, 볼 때마다 눈시울이 뜨거워진다. 서로 다른 문화와 환경에서도 인간의 만남은 아름답고 순수하다는 것을 새삼 보여 주었다. 태평양의 중심 국가로 막 발돋움하고 있는 한국의 여대생이 세계에서 가장 동떨어진 마을을 찾는데, 말도 통하지 않고 음식도 맞지 않고 자다가 숨이 가빠 산소통에 의지하면서도 그들의 거칠고 투박한 생활 한 가운데 서려고 한다. 떠나올 때 이별의 눈물을 흘리며 거듭거듭 뒤돌아보며 헤어지는데 사람과 사람의 만남이 그토록 아름답고 소중하다는 것을 다시금 사무치게 느껴 보았다.

그 다큐멘터리를 보면서 문명이 아무리 발전하고 급변하여도 사람이 사람을 증오하고 본연의 순수함을 말살시키는 문화를 숭상하며 살아간다면 세상에 오지가 따로 없다는 생각을 해보았다. 어찌 보면 너무도 간단하고 평이한 진리인걸.

어떤 암 환자는 이렇게 이야기한다.

"지금 나에게 가장 소중한 일들은 옷의 단추를 채우고, 침대에서 일어나 세수를 하고 신을 신고 햇볕이 있는 마당으로 걸어 나가는 따위이다."

아침에 일어나 손쉽게 해치우는 일들이 그에게는 가장 힘들었기에 그렇게 사소한 일들이 가장 소중하다고 이야기했으리라. 흔히들 사는 게 별것 아니라고들 하는데, 별것도 아닌 일에 힘들어하면서도 좀 더 별난 것을 찾아 헤매다가 별의 별것 아닌 일로 끝을 내고 마는 경우를 자주 보아 왔다.

뜻하지 않게 얻은 관절염으로 별나게 걷는 내 모양새를 보고, 어느 지인이 편지를 부쳐 왔다.

"휘적휘적 걸어가는 걸음새를 보면 이상하게도 서늘한 비애가 등 뒤에 축축히 서려 있는 것 같습니다."

관심이 있었기에 그렇게 보아주신 것에 감사하지만, 그 분에게 부러 까닭을 밝히지는 않았다. 속없이 큰 키에 어울리게 후적후적 걸었을 터인데, 단지 다리가 아프다는 이유로 그렇게 걸었었다.

"어떻게 지내세요."

할머니

 동네 어귀에 할머니 기척이 있으면 어머니는 다급해진다. 한적하던 우리 집 부엌에 금방 활기가 돈다. 할머니가 안방에서 아버지와 이야기를 나누시고 큰집으로 돌아가실 때까지 어머니는 부엌을 지켰다. 엄격했던 그 시절의 고부관계는 안방과 부엌을 격하여 이루어졌지만, 나는 그 시간들이 좋기만 하였다. 어머니의 잔소리가 사라지는 대신 우리들 입은 주전부리로 다물새가 없었고, 할머니가 골고루 나누어주시는 용돈 쓸 요량으로 머리에 상상의 날개를 달아야 하였으니까.
 가끔 큰집에 놀러 가면 할머니 방에서 형들과 함께 자곤 하였다. 그리고 다음날 새벽녘에는 영락없이 할머니의 손길을 만나게 된다. 약간은 까칠까칠한 손으로 맏이부터 시작해서 당신 손주들 몸 구석구석을 무슨 보물 다루듯이 쓸어 어루만지신다. 성스럽기까지 한 쓰다듬음의 의식이 끝나면, 할머니는 밖으로 나가 대청마루 끝에 무릎깍지를 하고 앉으셔서 우물 쪽을 바라보며 한참 동안을 무언가 생각에 잠기신다. 그리곤 갑자기 생각이라도 난 듯이 다시 들어와서 큰 손주 한 번, 작은 손주 한 번 시선을 번갈아 옮기면서 자상히 살피시는데, 필경은 날을 꼬박 밝히신 것이 분명하다.

   그런 할머니의 소반은 그야말로 소금밭 같다. 그 짜디짠 밥상을 물리고 나면, 우물에 가서 물 한 바가지는 들이마셔야 한다. 국과 반찬이 심심하고 맛나면 집안에 양식이 항상 부족하기 마련이라 하시며, 밥에도 소금을 못 넣어 안타까운 눈치시다. 음식을 그렇게 드시면 건강에 해롭다고 주위에서 말려도 한사코 짜게 드셨다.

   이른 봄부터 늦가을까지의 할머니 일터는 남천 둑방길 끝에 있었다. 억새가 유난히 하얬던 맑은 물가 고운 모래톱 황새말에 피라미, 모래무지, 송사리, 깨붕어, 몰거지 그리고 이름 모를 수많은 민물고기들이 새까맣게 떼 지어 다녔다. 냇가 깨끗한 당신의 일터를 찾을 때면 언제나 키가 작으셨던 할머니께선 풀밭에 폭 파묻혀 계셨다. 그곳은 당신에게 인고의 삶터였고, 기쁨도 배어 있는 생활의 의미 있는 한마당이었다. 어쩌다 그 밭머리에서 멀리 상여의 울긋불긋한 일렁임이라도 보시게 되면 할머니는 시리도록 우시곤 하였다.

일찍이 남편과 사별하신 할머니는 6남매를 키우셨다. 처녀 시절 곱디 고왔을 화사한 얼굴에 삶의 명암이 완연하였고, 카랑카랑하던 목소리는 하루가 다르게 야위어갔다. 할머니의 일터에는 자식들의 먹을거리가 한 이랑 한 이랑씩 나뉘어져 있어서 그것들을 챙겨 머리에 이시고 불원천리 나르셨다. 오직 자식들의 풍족함만이 삶의 목표이셨다. 송탄, 수원, 서울에 사는 딸들은 적지 않은 노자 돈을 챙겨 드렸고, 그 돈으로 손주들에게 맛난 과자를 사주는 것이 당신의 기쁨이자 보람이었다.

　해를 거듭할수록 꼿꼿하던 할머니의 등이 굽어 지셨고, 독한 풍년초 담배연기는 그 농도가 짙어졌다. 할머니 쌈짓돈을 용돈으로 타 쓰던 나에게도 얼마간의 돈을 드릴 기회가 생기게 되었다. 휴가를 왔다 귀대하는 날이면 할머니는 기차역까지 따라 나오셨다. 그리고 길 한복판에 나를 세워 놓고 여봐란듯이 치마를 훌렁 젖히고서 고쟁이 주머니에 꼬깃꼬깃 접어서 준비하였던 여비를 건네 주셨다.

　"아가야, 가다가 빵 사 먹어라."

　그리고는 매표구로 급히 가셔서 서울까지 가는 기차표를 한 장 끊어주신다. 나는 가만히 있다가 개찰하기 전 할머니를 부둥켜안고 가지고 있던 휴가비 전부를 할머니 잿빛 스웨터 주머니에 얼른 집어넣고서 뒤도 안 돌아보고 툴툴거리는 자갈길을 내달린다. 이어서 할머니의 카랑카랑한 외침이 들린다.

　"아가야! 아가야!"

재경在京부대에서 훈련받고 있을 때의 일이었다. 힘든 일과를 마치고 밤 9시가 훨씬 넘어 내무반에서 취침준비를 하고 있는데 행정반에서 호출하는 것이었다. 주번사관은 아무 까닭도 설명하지 않고 보안대에서 나온 하사를 따라 가보라는 것이다. 얼굴이 핼쑥하고 신경질적으로 생긴 하사는 대뜸 반말로 자기가 타고 온 지프에 올라타라고 명령한다. 어리둥절해 있는 나를 실은 지프의 전조등이 어둡고 우중충한 영내를 무표정하게 헤집어 댄다. 잠시 후 정문 옆 을씨년스럽게 보이던 보안대 사무실 앞에 나를 내려놓으면서, 그 하사는 야릇한 표정을 지으면서 한마디 내뱉는다.

"들어가 봐."

"……."

사무실 문을 열고 안으로 들어서니, 할머니가 거기에 계셨다. 싸늘하게 빛나는 백열전등 아래에서 언제부터인지 모르지만, 할머니는 손주 녀석을 꽤 오랫동안 기다리고 계셨던 눈치이다. 긴 나무 의자 한 귀퉁이에 앉자, 할머니는 내 손을 꼬옥 잡아주신다. 그리고 보안대 상사를 위해 벌였던 대접에서 남은 고기 몇 점과 식은 밥을 내어놓으시면서, "어여, 많이 먹어라." 하신다. 차갑게 식은 음식을 모래알 씹듯이 하고서 30분이 채 못 되어 나는 내무반으로 돌아서야 했다.

그날은 평일이었다. 며칠 전부터 할머니가 손주 녀석이 보고 싶다하면서 아버지와 어머니에게 면회를 같이 가자고 채근하셨단다. 그래서 할머니를 모시고 부랴부랴 면회를 왔는데,

정문에서 훈련생은 평일면회가 안 된다는 매정한 거절에 망연해 하셨지만, 어디 호락호락 물러나실 할머니인가. 자그마한 키에 구부정한 허리, 양손으론 뒷짐을 지고 위병소 주위를 왔다갔다 하다가 힘 좀 쓰겠다 싶은 보안대 상사와 맞닥뜨리게 되었고, 배만 불쑥 나온 새파란 상사에게 손주새끼 좀 만나게 해달라고 떼를 쓰셨던 모양이다. 그리고 이내 보안대 사무실에서 대낮부터 질탕한 향연이 벌어지다가 밤 9시가 되어서야 특별면회가 허락되었다는 것이 가슴 아픈 추억의 시말이었다.

그 할머니께서 그해 겨울에 갑자기 돌아가셨다. 공교롭게도 연말 단위대장 회의 자료를 뽑고 정리하느라고 눈코 뜰 새 없이 바쁘던 때였다.
'조모별세급래.'
회의가 끝나면 산소에 성묘하는 것으로 대신하라는 처부장의 권유도 무시할 수 없었고, 내가 빠지면 회의정리가 안 되는 상황 때문에 눈물을 삼키고 사무실을 지켜야 했다.
할머니가 그렇게 느꺼워 하시던 상여를 타고 떠나시던 날, 겨울비가 추적추적 내렸다. 발인시간에 맞추어 나는 헬기장이 있는 뒷산에 올라 멀리 고향 쪽을 향해 한참을 서 있었다.
어디선가 역 개찰구에 기대서서 목청 높여 부르시던 할머니의 목소리가 들리는 듯하였다.
"아가야!"
"아가야!"

아버지

"뜨겁잖어!"
"…."

암병원 병상 곁에서 아들은 화장을 권하고, 누워계신 아버지는 매장이 좋다고 설전을 벌이고 있다.

오래 전에 당신의 유택을 양지 바른 곳에 정해 놓으신 터였다. 그런데 어머니는 마음에 안 든다며, 그곳을 완강하게 반대하셨다. 전장에서의 상흔이 수십 년이 지난 뒤에야 인정되어 국립묘지에 안장될 자격을 획득하셨다. 아무리 영광된 대의명분이 있지만, 집안에서는 처음 있는 일이고 당신이 반신반의하는데 우격다짐으로 진행될 대사가 아니었다.

며칠이 지난 후, 아버지가 말씀하셨다.

"내가 운명한 뒤에, 그렇게 해."

염습을 마치고 머리와 다리 쪽을 반짝 들어 입관시키는데, 머리부분이 비스듬하다. 그러자 염사는 손으로 머리를 지그시 누른다. 뚜껑이 덮이고 대형 태극기가 오동나무 관을 감싼다.
수원 연화장.
분향실로 운구한다. 두리번거리지만, 화로 입구는 보이지 않는다. 마지막으로 인사드린다. 의식이 끝나자, 널을 감싸고 있던 붉고 푸른 문양의 선명한 태극기가 벗겨진다. 이제 연화대로 올라가시는 것이다. 커지는 스님 독경소리에 두 손을 모은다.

그런데 바지주머니에 있던 휴대폰이 느닷없이 울기 시작한다.
"찌이 - 익, 찌 - !"
전율을 느낄 정도로 허벅지를 자극한다. 이런 허망한 절차가 있는가 하며 허둥대는데, 글쎄 전화기의 몸부림은 계속된다. 대기실로 나가자, 모니터에 '3번 화로, 화장 중'이라는 안내 자막이 떠있다.
푸른 유월의 하늘은 높다랗고, 승화원 주변의 널따란 잔디는 파랗다.
하늘을 올려다본다. 허공에서 불을 뿜으며 도도히 올라가는 우주선을 찾는다. 푸르른 바다 같은 저 높은 그 곳에 무슨 점이 있는 것 같기도 아닌 것 같기도 하고, 고개 젖혀 한참 쳐다보니 이내 가물가물한다.
 '부재중 전화 한통'이라 찍혀 있다. 떨리는 마음으로 조심스레 통화를 시도한다. 신호음에 귀를 모으지만, 끝내 불통이다.
 자꾸 하늘을 올려다본다.

 "아버지."

하늘에 있는 바다

'엄마~.'

아직도 이 소리가 나올까….
나도 모르게.
나이가 몇인데.
모를 일이다.

꽃피던 춘분 날, 어머니는 이 세상을 버리고 하늘 저 세상으로 가셨다.
나에게는 누가 뭐래도 넓고 깊은 바다 같았던 엄마다.
나는 이제 어머니를 하늘에 있는 바다라 부르련다.

나라마다 어머니를 어떻게 표현하는 줄 잘 모르겠지만, 이 세상에서 '엄마'는 우리 나랏말이 최고라 생각한다. 나는 엄마가 좋다.

 '엄마~.'
 '엄마~.'

 이러고 있으면 마음이 편해진다.
 그리고 바다 같은 쪽빛 하늘을 바라본다.

 "엄마~."

부자대국

고 녀석, 가부좌는 참으로 일품이다.

유연한 어깨, 곧은 허리 그리고 도톰한 두 발을 좌우 넓적다리 위에 서로 엇갈리게 트는 동작이 전혀 무리가 없고 너무도 그럴싸해 그 몸가짐이 조금이라도 흐트러지면 오히려 불편해 보일 정도이다. 혹여 나도 법당에서 결가를 할라치면 머리가 지끈거리고 팔다리 허리 어깨 모두가 옥신거려 짧디 짧은 반야심경이 끝나기도 전에 엉거주춤하는 꼬락서니가 되어 버리니, 유치원생 댓살백이 세훈이의 앉음새는 아무리 생각해도 모를 일이다.

빼어난 결가부좌의 소유자인 세훈이가 하루는 꽤나 진지한 제안을 하는 것이었다.

"아빠, 바둑 배우고 싶어요."

그 요구는 염천에 한 줄기 소낙비요, 동천에 돋을볕이 비치는 양지에 선 기분에 휩싸이게 하는 것이었다. 그렇다고 돌부처라는 별명을 가진 천재 소년 기사를 떠올린 것도 아니고, 대접받는 단바둑을 그려 본 것은 더욱 아니었다. 하루 종일 유해 전자파 쏟아지는 텔레비전 앞에서 내용 없는 전자오락에 몰입하는 아이의 정신적 육체적 건강도 걱정되었고, 물가치한 전자오락실을 참새가 방앗간 드나들 듯할 자식의 장래를 생각하니 이 얼마나 유익하고 기특한 화두인가 말이다. 인생묘미의 축소판이라는 바둑판을 응시하고 앉아 있을 자식의 앙증맞은 모습을 상상해 보니 정말 여간일이 아니었다.

그래 그 즉시 집 앞 바둑학원에 보내었다. 그 이후 거금을 주고 사다 준 전자오락기와 여러 개의 게임팩은 구석퉁이에서 잠자게 되었고, 세훈이는 점심을 먹으면 바둑학원으로 내달리고 어떤 때는 유치원 끝내고 곧장 기원에 앉아 있어 동네방네 전화를 걸고 수소문하는 야단법석을 일으켰다.

처음에는 법식도 없이 제 멋대로 두는 보리바둑으로 시작해서 줄바둑의 경지에 들어서서는 따낸 돌 세면서 자신의 승패를 헤아리게 되자, 내게 다른 제안을 하는 것이다.

"아빠, 바둑판 사 주세요."

기다렸나는 듯 문구점에서 정식 기전에서나 사용하는 바둑판과 돌을 사 주었다. 그리고 그 바둑판 뒤에다 사인펜으로 거창하게 '위세훈기력爲世訓碁力'이라 써 주었다. 통나무 가운데 토막으로 묵직하게 짠 바둑판과 상쾌한 소리가 나는 바둑돌이 생기게 되자 그 녀석은 또 다른 의견을 내 놓는다.

"아빠, 바둑 두어요."

바둑을 나는 못 둔다. 잇기와 끊기 그리고 흐름에 대해 조금 알뿐이지 패쓰는 혜안, 포석의 웅장, 행마의 운용, 계가의 정확 그리고 복기의 경과에 대해 어림짐작도 못하니 바둑을 조금만 두는 어느 누구와도 맞바둑을 둘 처지가 못 되었다. 인생의 현묘한 철리가 바둑판에 있다는 이야기를 공감할 위치에 있지 못함을 한탄하지는 않았으나, 바둑 좋아하는 사람들이 대국을 청해오면 난감한 표정만 짓기를 여러 번이었다.

드디어 역사적인 부자대국이 시작되었다.

아무리 못 둔다고는 하지만 갓 배우기 시작한 세훈이 보다는 고수였다. 녀석은 바둑판을 거실 한 복판에 가져다 놓고서 내게는 흰 돌을 주고 자기는 흑 돌을 쥐고 접바둑으로 화점 마다 한 점씩 깔았다.

그리고,

"아빠, 이길 수도 질 수도 있어요."

하면서 너무도 지당한 이야기를 의젓하게 하는 것이다. 이내 부자사이의 치열한 쌈 바둑이 시작되었다. '단수', '연결' 그리고 '약점보강'이라는 말을 외치면서 돌을 놓지만 행마는 비루먹은 망아지 꼴이었고 정연함이라고는 눈 씻고 찾아 볼 수 없었다. 그의 흑지는 추풍낙엽이 되었고, 그런 행진이 계속되자 세훈의 결가부좌는 뒤틀어지기 시작했다. 그리고 내가 집어다 놓은 검은 돌이 방바닥에 새카맣게 깔리자 녀석의 눈꽁댕이가 치올라가기 시작했다. 나는 모른척하였다. 마침내 아들은 돌을 팽개쳤다.

"아빠, 속였지."
"아니."
"다 알아, 으앙!"
"……."

단정한 가부좌는 뒤로 나자빠졌고 떼쟁이 특유의 울음 강도만 높아 갔다. 결국 녀석은 자신의 장난감 플라스틱 골프채로 궁둥이가 불이 나도록 얻어맞고서야 눈물의 부자대국 일회전을 끝냈다.

질 줄도 알아야 이기는 것이야 라고 귀띔해 주었지만 얼마나 알아들었는지 모를 일이다. 허나, 속으로는 흐뭇한 기분을 억누를 수 없었다. 나는 믿는다. 그 빈틈없는 가부좌의 모양새만큼 기력도 점차 강해 질 것이고, 패배가 승리의 디딤돌임을 깨닫게 되면 인생의 행보 또한 그만큼 유연하리라는 사실을 말이다.

세훈이는 오늘도 바둑학원에 열심히 나가고 있다.

이름 모르는 바다

 5월의 초록비가 간간이 내리는 깊은 밤, 서초동 남부터미널에서 딸을 기다린다.
 대학 졸업반이자 취업준비생인 정현이는, 한려수도에서 오고 있는 중이다.

"아빠."
"응, 잘 다녀왔어?"

 요즘 제철인 통영의 꽃멍게를 담은 스티로폼 박스가 들려져 있다.
 처음에 뜬금없이 그곳에 간다고 하였을 때 의아했는데, 혼자서 꼭두새벽에 떠났다가 밤늦게 돌아온 것이다.

나이만 먹는 나만을 생각하였지, 이제 다 큰 아이에게 무관심한 아빠다.

나란히 자동차 앞좌석에서 이야기를 나눈다.

"그래, 어땠어."
"바람도 바다도 좋았어."

어느 시인은 그곳을 자다가도 일어나 가고 싶은 곳이라 하였는데, 무엇을 보고 왔을까.

중국인들은 이름 모르는 바다를 야해野海라고 한다.

그곳에 인생이 모여 있다.

땅이 물으로 물이 땅으로 변하고 부딪혀 왔지만, 옥신각신 삶의 바다에는 영원한 설렘과 회한이 숨 가쁜 공방을 벌인다. 삶은 흐름이다. 바다는 강을 거부하지 않듯이, 우리는 흘러 흘러 옹기종기 바다에서 만난다.

이름 모르는 바다에서 오늘도 우리는 살아가고 있다.

모르면야 그냥 지나치겠지만, 모진 세파를 만나면 비로소 예사로운 물결이 아님을 깨닫고, 알 수 없는 그곳에서 처음과 끝을 가늠치 못하다가 끝내 사라져 간다. 그래 거대한 침묵은 우리에게 그것을 암시하고, 땅 한복판에다 그렇게 커다란 공간을 만들었나 보다.

어딘가에 있는 이름 모르는 바다.

알 수 없는 그 끝없는 아득함을 나의 또 다른 이름으로 하고 싶다.

달콤쌉싸름한 희로애락이 울렁거리는 바다벌판이 훤히 내려다보이는 언덕을 오른다.

산처럼 높지도 들처럼 낮지도 않은 고만고만한 구릉이다.

나무 한 그루 없는 그 너그러운 마루에서 일망무제를 본다.

하늘하늘 실비처럼 산들산들 바람처럼 있는 것도 없고 없는 것도 없다. 숲 속 어디선가 지저귀는 새소리는 두런두런 떼섬의 갈증 같고, 빈 하늘 뭉게뭉게 피어나는 하얀 구름은 아물아물 돛단배의 흔적 같다. 잔잔한 바람결에 흘러가는 부둣가의 비릿한 냄새가 코를 스친다.

아무 생각 없이 오래도록 앉아 있다.

토마토

경택이는 내 친구이다.

그는 학교를 졸업한 후 고향을 떠나지 않고 농사를 지었으며, 지금도 토마토와 논농사에 종사하고 있다. 지금도 그 때를 생각하면 아련하다.

군대시절이었다.

운 좋게도 멀쩡한 놈이 훈련에서 열외 되는 경우가 있는데, 그것은 대대정문을 지키는 위병근무였다. 후줄근한 작업복을 입고 정문에 서서 병력출입 상황과 차량통제 그리고 간혹 방문하는 면회객 접수 등이 임무라면 임무였다.

대대원들도 영외로 훈련 나간 호젓하고 나른한 오후였다. 멀리서 달려오는 민간인 버스가 일으키는 흙먼지 속에 한가한 오후가 저물어 가고 있었다. 휴가를 갈 때만 타는 민간인 버스를 바라보고 섰자니, 망중한이란 것이 이런 것이로구나 하는 잠시 호사스러운 생각에 젖게 되었다. 사실 첩첩산중의 그 부대에서 유일한 낙이라면 민간인 버스를 바라보는 일이었다. 오로지 바라보는 것만으로도 충분하였다.

그런데 그 버스가 부대 앞에 서는 것이었다.

문이 열리면서 갑자기 토마토가 툴툴거리며 굴러 떨어졌고, 곧 바로 경택이가 부서진 토마토 궤짝을 옆구리에 끼고서 황급히 내렸다.

그는 면회를 오면서 토마토를 가져다주려고 조그만 나무 궤짝을 직접 만들었고 고르고 고른 토마토를 궤짝에 담아 먼 길을 힘들게 어깨에 메고 왔는데, 버스에서 내리면서 그만 궤짝이 부숴진 것이었다.

심각한 농담

조선시대의 한 왕이 하루는 어지간히 심심하였던 모양이다. 뚱딴지같이 좀 엉뚱한 일을 꾸미고 싶었는가. 조선 땅에도 자기와 똑같은 운명을 가지고 태어난 백성이 있을 터인 즉, 그 사람은 어떻게 살아가는가 하는 의문에 이르게 되었다. 해서 조선 천지에 자기와 똑같은 사주를 가진 사람일랑 찾아 대령시키라는 어명을 내리게 되었다.

며칠 후.

"그대의 사주가 짐과 똑같으뇨?"
"황공무지로소이다, 전하."
"짐은 일국의 주군으로서 부족한 것 없이 호사스럽게 지내는데, 그대의 인생경영은 어떠하뇨?"

"행복하기만 하옵니다."

"흐음. 어떻게 행복하다는 것이뇨?"

"저는 벌을 기르는 양봉꾼입니다. 상감마마께옵선 수백만 백성을 다스리는데도 노심초사하시지만, 소인은 수 천만 마리의 벌을 마치 손바닥 뒤집듯이 손쉽게 기르고 있사옵니다."

"허어!"

두 사람의 대화가 우스갯소리 같다. 숭고한 인생을 농담에 견줌이 경박함의 소치이련만, 무릇 농담 아닌 인생이 어디 있겠는가. 차이가 있다면 그 정도가 싱거우냐, 짜냐의 차이다. 아무리 권세가 높고 재산이 많은 사람일지라도 그들 모두는 결국 하루 세끼를 뛰어 넘지 못한다. 그나 내다. 사실 산다는 것이 모두 똑같고 별것 아님에랴.

길 가다가 사주나 관상을 보는 역술인 앞에서 맥 놓고 앉아 있는 사람의 면면을 보면 웃음도 나오고 오죽 답답하면 저럴까 하는 연민의 정도 생기게 된다. 인생을 이야기하다 보면 모두가 하나같이 운명론자로 바뀌게 된다. 가끔 산다는 것이 무엇인가 하는 생각을 해 본다. 결론은 오리무중이다. 만약 인생이 무한대로 이어 진다면 어떠했을까 하는 생각도 해 본다. 시간제한이 없는 약속들, 나태 할대로 나태한 삶들. 그것도 간단치 않은 일이다.

친구 결혼식이 벌어지는 성당엘 갔더니, 주례를 맡은 신부님의 이야기가 그럴싸하다. 많은 사람들이 신혼여행지로 제주도다 해외다 하는데, 당신께서 권하고 싶은 곳은 한적한 공동묘지라는 것이다. 묘지에서 인생을 깊이 생각해보라는 주례사였다. 산뜻하였다.

프랑스 파리에는 지하 공동묘지인 까따꼼catacombs이 있다. 빙글빙글 현기증 나게 내려가는 좁다란 나선형 입구를 한참 헤매다 보면 으스스한 지하 공동묘지가 나타나는데, 유골들을 처음 대하는 두려움에 발걸음이 떨릴 정도이다. 그렇지만 막상 유골들을 만나면 의외로 감탄과 경이감마저 든다. 동굴 양쪽으로 유골들을 가지런히 쌓아 놓았는데, 마치 시골집 처마 밑의 장작을 연상하게 한다.

처음에는 경건한 마음으로 그 주검들을 대하지만, 끝없이 전개되는 주검 앞에 긴장감은 점차 사라지고 나중에는 죽음이라는 것이 희화적으로 느껴진다. 가다가 힘이 들면 살짝 기대어 보기도 하고, 그것도 시원찮으면 불경스럽게도 해골에 걸터앉아 잠시 쉬어 간다.

1시간여의 진기한 관광이 끝나고, 이윽고 반대편 출구를 나서게 되면 일단의 주상복합건물이 시야를 가로막는다. 죽음에서 삶으로 돌아온 순간 갑자기, 질주하는 자동차들 생업에 바쁜 상인들 그리고 학교 다녀오는 천진한 아이들. 긴장이 풀리면서 피로가 엄습한다. 한숨 돌리고자 편의점에서 커피를 마시면서 지하궁전 위에 세워진 그 건물을 한참이나 응시하여

본다.

　한때 살았다가 죽은 사람들. 어느 누가 이러한 전말에 대하여 깔끔한 매듭을 지어 낼 것인가. 시작은 다시 끝의 시작이고, 끝이 다하면 다시 시작되는 것이 인생이다. 시작과 끝의 무한 궤도에서 우리의 좌표는 언제 어디쯤일는지. 인생을 이야기 하다가 시간이 되면 이만 총총 일어서야 한다. 마무리나 한번 지어보자고 함부로 상대방 옷소매를 부여잡을 수도 없는 노릇이다. 우리는 여태 다수결이라는 의사결정방식에 친숙하여 왔지 않은가. 결론을 내기 위한 불가피한 숫자놀음이지만, 모두가 찬성을 하였는데 오직 한 사람이 반대하여 미완성으로 귀결된다면 그것 또한 우스꽝스런 일이 아닐 수 없다.
　혹여 우스갯소리에 진실이 있다면 인생은 가장 준열한 농담이 될 수도 있을 것이다. 바보들도 자기보다 덜한 바보에게 감탄해 버리는 것이 세상 이치인데, 수많은 농담 속에 진실 이상의 심각한 인생을 녹여 낼 수만 있다면 더할 나위 없는 한바탕의 희극이 탄생되는 것은 진리 아니겠는가.
　심각한 인생은 농담일 뿐이다.
　인생은 심각한 농담이다.

어느 화가의 이야기

어해도魚蟹圖를 즐겨 그렸던 김용준金瑢俊의 《근원수필》을 보면, 화가로서의 그의 자긍심을 금세 읽어 낼 수 있다. 그는 예술가를 "하나는 생활을 통해 예술을 찾는 자요, 다른 하나는 예술이 곧 생활이 될 수 있는 자다."로 양분하면서, 이성보다는 감성적 접근을 높이 평가하였고 거속된 솔직한 예술고백을 사랑하였다.

모든 위대한 예술은 결국 완성된 인격의 반영일 수밖에 없으며 인간이 되기 전에 예술이 나올 수는 없다라고 표로 하였고, 그의 행적 또한 이 궤적을 크게 벗어나지 않았다. 그 치열한 예술정신의 산물로 멋들어진 수필이 탄생되었음은 후학들에게 작가 세계관이 무엇인가를 깨치게 하여 주었고 길이 근원과 수필이 동시에 보존되는 영광 또한 누리게 되었다.

비운의 화가 근원, 동란 이후 지금까지 그의 행적과 생사가 확실하지 않다 하니 실로 애석한 일이다. 그런데 바로 그가 흠모하고 존경해 마지않았던 오원 장승업의 몰년 또한 불분명하니 참으로 기이한 운명의 일치이다. 그의 수필 〈오원일사 吾園軼事〉를 보면, '오원은 광무 정유(서기 1897)에 54세로서 몰하였다고 하나 실은 사한 것이 아니요, 그의 행방이 불명한 채 없어졌다고 하는 말이 더욱 신빙되음직하다.' 그리고 말미를 '아마도 오원은 신선이 되었나 보다.'라고 마무리하고 있다. 이렇게 본다면 똑같이 화가요, 행방이 묘연한 채 사라졌으니 근원이나 오원 모두가 화초 만발한 정원을 노니는 신선이 되었다고 보는 견해에 무리가 없을 듯도 하다.

김용준이 활약하던 시대가 어려웠던 1920년경이었으니, 그 시절 무명화가의 위치는 참말로 허망한 것이었으리라. 근원이 아끼던 화우, 진주晉州의 강신호가 남강 촉석루 밑에서 익사한 지 여러 해 뒤, 어느 허름한 고물상에 내팽개쳐진 그의 자화상을 발견하게 된다. 그래 근원이 그 그림을 사려고 값을 물었더니 '일 원 오십 전'만 내라기에 유작을 사 가지고 오면서 깊이 탄식했다고 술회한 바 있다. 무명화가의 그림이 고물 취급당하던 당시의 심정을 여운 있게 그렸다.

유달리 미인도를 빼어나게 그렸다는 어느 화가의 이야기를 알고 있다.

그는 미술전공도 아니었고 알량한 동네 미술학원에서 밑그림 연습한 이력도 없었다. 고등학교를 졸업하고 약년에 동양화에 발을 들여놓았다고 하는데, 웬만한 화가는 눈골 빠진다고 고개를 절레절레 흔드는 미인도였다니, 그 무모함을 책해야 할지, 그 용감함을 찬해야 할지 처음 그 이야기를 들었을 때는 언뜻 선후를 가늠할 수 없었다. '생활이 예술이요, 예술이 생활'이라는 말을 곱 새길 겨를도 없이 오로지 '생활은 생활'일 뿐이었다. 미인도를 시작하려면 우선 복식과 채색에 대해 일가견이 있어야 되지만 이것저것 따질 겨를이 없었다. 단지 학창시절 미술대회 입선 경력만이 그가 가진 전부였다. 그는 몇 번의 연습을 거친 후 화선지에다 여러 가지 고운 빛깔로 미인도를 그렸고 직접 낙관을 파서 찍고는 그림 몇 장을 옆에 끼고 대담하게 생면부지의 인사동 화랑 문을 밀어붙였다고 하는데.

화랑주인은 한복을 정갈하게 입은 단아한 모습의 중년을 갓 넘긴 부인이었는데, 신출내기 화가는 자기 그림을 여주인 탁자에 슬며시 내려놓으면서 멋쩍어 하였다나. 여주인은 그가 그린 미인도를 흘깃 쳐다보고는 전부를 사겠다며 선선히 돈을 치르더라는 것.

아무튼 그는 미인도를 계속 그렸다. 횟수를 거듭할수록 그림을 사랑하였던 화랑주인은 옷고름의 위치, 노리개의 색깔, 손 맵시, 그리고 배경 등 세세한 점을 넌지시 일러주더라는 것이었다. 귀동냥 덕분에 원래 화재畵才가 있던 그는 차차 미인도의 제 맛을 음미하여 갔다.

하늘거리는 자태는 경쾌한 곡선의 아름다움에 드리워 난삽하지 않았고, 눈짐작 가는 허리에 고운 소매 속살이 은은하게 내비치는 기교가 돋보였고, 한 손으론 하느작거리는 치맛자락 살포시 여미고, 초승달같이 길고 가는 실눈썹, 고운 뺨 보드라운 살쩍, 치졸미 자아내는 아련한 표정, 앵도 같은 입, 함초롬히 이슬 머금은 고혹적인 눈매, 조붓하게 덧댄 하얀 동정과 옷소매 화사한 끝동, 옥색 저고리 자주 고름에 날렵한 모시 치마, 칠흑 같은 머리에 보랏빛 댕기 살짝 내려 비꼈고, 수마노 노리개 연연한 손으로 매만지는데, 활짝 핀 붉은 목단화에는 벌들이 분주히 날아 다녔다.

이제 그의 발길에는 기품이 있었다. 은근히 반겨주던 화상들 눈길에서 일취월장하는 화품畵品을 가늠할 수 있었다. 마침내 촉망받는 젊은 화가가 인사동에 탄생되려는 순간인가.

몇 년 후.

하루는 일을 보고 처음 당차게 들렀던 화랑에서 실로 오랜만에 주인과 한가롭게 차를 나누게 되었다. 주인은 차를 마시면서 이런저런 이야기를 하던 끝에 책상 서랍을 스르르 열어 그에게 보이는데, 서랍에는 예전의 그의 그림이 고스란히 보관되어 있더라는 것이었다.

그 일이 있은 후, 그는 많은 생각을 하였다고 한다.

이제 막 시작한 앳된 화가의 의기를 차마 꺾을 수가 없어서

두말없이 작품을 사 주었다는 여주인의 말을 뒤로하고 인사동 골목을 빠져 나올 때는 허허롬에 발길이 떨어지지 않았고, 형언키 어려운 감회에 빠졌다고 한다. 벌써 20년 전의 일이지만, 그 후 그는 이런저런 이유로 그림 그리는 일에서 손을 떼었다고 한다. 그가 다시 화필을 잡을지는 지금으로서는 알 수 없는 일이다.

짐작컨대, 예술이 곧 생활이 될 수 있는 탈속의 예술혼이 살아난다면 나에게도 만화방창한 화원에서 노니는 절세가인을 밤낮으로 완상할 수 있는 행운이 찾아오지 않을까 자못 궁금하기만 하다.

고구마 줄거리

좋아하는 음식 가운데 빼놓을 수 없는 것이 고구마 줄거리 무침이다.
어머니는 내 생일이라도 되면 고기는 준비 안 해도, 그 무침은 반드시 챙기셨다.

고구마 줄거리는 늦여름에서부터 다음 해 늦은 봄까지 요긴한 찬거리다.
늦여름에 고구마 껍질을 솔솔 벗겨서 끓는 물에 살짝 데친 후에 물기를 쪼옥 빼고서 들기름에 적당히 볶으면 그렇게 감칠맛이 날 수 없다. 가을에는 고구마를 캐고 난 후에 실한 줄기를 따서 잎을 제거하고는 양지 바른 곳에 바짝 말린다. 묵은 김치도 떨어지고 푸성귀도 구하기 힘든 초봄, 무침이 밥상에 올라오면

반갑다.

　고구마 밭은 보기만 하여도 뿌듯하다.
　허기진 아이들에게 큰 위안이다. 동네 개구쟁이들이 냇가로 멱 감으러 가다가 그 밭을 보면 그냥 지나치지 않는다. 주인 몰래 고랑을 들쑤셔서 알차게 영글어가는 고구마를 캐 먹는 맛과 재미가 쏠쏠하다.
　고구마를 캐서는 가마니에 그득 넣고 아가리를 크게 벌려 놓는다. 먹을거리가 없었던 아이들을 위한 어른들의 배려이다. 그리고 눈 내리는 긴 겨울 밤, 입이 심심할 때 어머니가 슬그머니 나가서 고구마가 수북이 담긴 바가지를 방 한가운데 놓으면 방안에 활기가 돈다.

　고구마를 얻기 위해서는 어린 순을 심어야 한다. 얼마 안가 그 연약한 순에 뿌리가 생기고, 큰 줄기를 형성하면서 긴 밭고랑을 감싸며 시퍼렇게 자란다. 그리고 두둑 속에 서서히 자리를 잡게 된다.
　두둑은 반드시 북돋우어 주어야 한다.
　그렇지 않으면 잔챙이가 된다. 크게 자라면 두둑이 갈라지면서 금이 생기게 된다. 그 틈만 보여도 크기를 짐작할 수 있다. 잎이 누렇게 단풍이 들고 두둑이 쩍쩍 갈라지면, 그 속에 자리 잡고 있는 울긋불긋한 고구마가 언뜻언뜻 보인다. 그러면

캐야 한다.

고구마를 캐는 데는 남다른 재미가 있다.

흙이 사질토양이라 푸석푸석하여, 고랑머리에서 줄거리 끝을 잡고 서서히 힘을 주어 당기면 큼직한 고구마들이 슬금슬금 따라 올라 온다. 전부 딸려 오는 것은 아니지만, 줄거리를 걷어 내면서 호미나 괭이로 두둑을 툭툭 뭉개면 된다. 헤쳐지는 두둑을 따라 큼직한 고구마들이 줄줄이 누워 있으면 풍성해 보인다.

고구마를 캐기 위해 줄거리를 잡아당기는 것, 가닥을 잡았다는 말이다.

줄거리라는 것은 어떤 일의 골자를 뜻한다.

고구마를 캘 때와 마찬가지로, 모든 일에서도 줄거리를 잡으면 매사가 쉬워진다. 가닥을 잡지 못하면 우왕좌왕 헤맨다. 구슬이 서 말이라도 꿰어야 보배이듯이, 꿴다는 것은 줄거리를 파악하였다는 것이다.

모든 분야에서도 좋은 소재를 길게 나열하면서도 구성이 긴밀하지 못하면 지루하다.

마찬가지로 아무리 열심히 노력하지만 긴밀한 줄거리를 엮어 내지 못하면 공허하다. 때문에 그것을 잡는 것은 쉬운 일이 아니며, 부단한 노력 끝에 얻어지는 소중한 결과이다.

줄거리 잡는 것은 어떤 일에서나 중요하다. 그것을 이끌어

내는 과정 역시 그렇다.

  우리네 인생에도 줄거리가 있다. 그것을 잡고 고구마를 손쉽게 캐는 농부의 지혜는 값진 노력의 산물이듯이, 살아가면서 인생의 줄거리를 파악하는 것은 곧 자신의 삶을 윤택하게 하는 지혜 아닐까.

히말라야

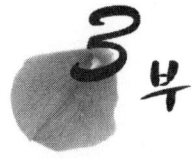

3부

수막새의 웃음
동動
차산次山
두루
구원久遠
사유
양수리
히말라야
살구꽃 핀 마을
깊은 우물

수막새의 웃음

 학교 다닐 때, 다른 과 친구들을 만나면 으레 물어보던 말이 있었다.
 "'안녕하세요'를 뭐라 하니?"
 어쨌거나 외국어는 인사말에서 비롯된다고 새겼었다. 같은 말이라도 고운 말이 좋다. 말이 바람이라면 아름다운 말은 끝내 사랑을 몰고 온다. 그러고 보니 인사란 타인에 대한 존재의 확인이며, 인사의 본질은 허상이 아닌 실재에 애정을 보이는 언어의 입맞춤이다.
 타이뻬이에서 이런 인사를 받아 본 적이 있다. 왕래가 뜸하던 친구였는데, 시간을 내 지나는 길에 내 숙소를 찾았다. 방에 들어서면서 그는 이렇게 말했다.
 "있어 고마우이![你在我謝謝.]"

아무리 곱씹어 보아도 달콤삼삼한 인사말이다. 그 중국인의 우애와 아량이 입때 고맙다. 내 기억에 그렇게 멋들어진 인사는 결코 흔치 않았다는 느낌이다.

얼마 전, 경복궁 국립민속박물관에서 '한국의 건축문화'라는 개관기념 건축양식특별전이 열렸었다. 관람객의 눈길을 끌기에 충분하였던 것은 치밀한 고증과 연구 끝에 오래 전 홀연히 사라진 황룡사를 완벽하게 축소 재현시켜 놓은 사찰의 모형이다. 그런데 오밀조밀한 천년 가람문화를 살피다가 뜻하지 않게 그 규모와 모양새에 압도되었던 우리 문화재가 있었다. 그것은 황룡사지 폐와 더미에서 파손된 채 수습된 것을 어렵사리 복원시킨 지붕 용마루의 양쪽 끝에 화려하고 높게 장식한 치미鴟尾 부분 추정 복원도이다. 방대한 황룡사 전경과 비교하자면 고작 2미터도 안 되는 올빼미 꼬리 모양의 기와장식이 그리 크다 생각되지는 않는다. 그러나 웅장한 사찰을 가뿐히 채뜨려서는 푸드득 날갯짓하며 금세라도 날아갈 듯한 거대한 부엉이 자태를 연상케 하는 웅장한 망새를 보면서, 예사롭게 지나쳐 버리기 쉬운 기와에 남다른 애정과 섬세한 예술혼을 불어넣었던 삼국시대 이름 모를 와공瓦工의 장인정신을 마음에 새겨 본다.

인사 이야기를 하다가 뜬금없이 지붕 위로 올라 간 것은 다분히 위압적이고 권위적이어서 거북살스런 배타감 까지 주는 황룡사치미를 되짚어 보려 했던 것이 아니라, 기와작업의 마무리라 할 수 있는 수키와 끝에 원형의 드림새로 부착된 수막새[圓瓦當]에 초점을 맞추려는 것이다.

눈비로 인한 누수를 막기 위해 암키와 수키와로 기왓등과 기왓골을 만들면 지붕작업은 얼추 끝나고, 아쉽다 생각되면 횟가루 물에 개어 처마 끝을 마무리하는 것이 고작이었다. 하지만 궁궐이나 사찰에서는 드림새 내림새로 추녀자락을 장식하여 왕가의 권위와 종교적 신성함을 한층 살려 주었다. 수막새의 문양으로는 연꽃·당초·귀면·용·봉황·범자 등이 드림새에 새겨져서 번영과 해탈을 소망하는 정신적 이상을 반영시켰다.

천년 세월 원형의 막새에 함초롬히 새겨진 그 미소를 우리는 기억하고 있다.

국보와 보물이 허다한 우리나라에서 그 수막새 쪼가리는 분명 한참 서열 밖이다. 하 많았던 기왓장 가운데 여적 홀로 깨져 버린 쪼가리로 모질게 살아남아 많은 사람들의 사랑을 받게 되었는가는 곰곰 새겨 볼일이다. 어딘가 모르게 한 구석 애잔한 잔영이 서렸으면서도 이내 활짝 다가서는 그 환한 웃음 태를 찬찬히 뜯어보면, 고귀한 이마를 높힌 것도 화사한 눈결을 새긴 것도 오똑한 콧날을 세운 것도 도톰한 입매를 빙실거린 것은 더더욱 아닐진대, 거기엔 우리의 얼굴이 있었다. 아무리 귀중한 도자기라도 깨져 버렸다면 그 가치나 보존성에서 저으기 뒤처짐에도 불구하고 이마와 턱 상당 부분이 잘려 나간 한낱 기왓쪽에 볼 가득 입 담뿍 웃음을 보전하였기에 더욱 더 사랑 받고 있는 것이 아닐까. 버려진 돌 부스러기에 불과했던 수막새의 함박 웃음을 사랑으로 품어 낸 사람의 가슴이 푸근하기만 하다.

깨져서도 웃는 수막새의 얼굴을 보고 있노라면 찢겨진 아쉬움이 전혀 없다. 잡귀를 쫓아낸다는 도깨비 얼굴이나 뜻 모를 범어보다 운치 있고, 청아하고 고귀한 연꽃이나 봉황의 자태보다 아름답다. 어느 기와장이의 염원과 착상인지는 몰라도 웃는 얼굴을 어떻게 처마 끝에 올려다 놓을 생각을 했을까. 지붕이 웃으니 집이 환해 보이고 지나치는 사람이 즐거우니 거리가 정겨울밖에. 미학 미학하지만 아무리 생각해 보아도 그런 미학이 없다.

사실 나는 웃음에 대해 그르거니 옳거니 할 자격이 없다. 웃음이 아주 없는 편은 아님에도 내 얼굴 표정은 스스로 생각해도 후미지다. 그 모양새가 어색했는지 처음 만나는 사람들은 대개가 무슨 언짢은 일이라도? 하며 조심스레 묻곤 한다. 차마 못 보아 줄 일은 카메라 앞에서의 일인데, 누가 사진이라도 같이 찍자 하면 즉시로 얼굴이 뻣뻣해진다. 태양이나 불빛을 잠시도 감당 못해 절로 눈이 감기게 되니 시선을 조금만 집중하면 갈데없이 업혀 가는 무슨 눈이다. 혼자 찍힌 사진이야 누가 어쩌랴만 나 하나로 여러 사람에게 누가 되어선 안 된다는 마음이다. 얼굴로서 모든 것을 말한다면 난 할 말이 별로 없다.

그런데 우리의 얼굴은 과연 어떠한가.

지나쳐 버리는 얼굴이라선지는 몰라도 낯선 길을 물으면 본새

없는 고갯짓거리가 예사이고, 남의 안색을 살피면 무례하다. 그리고, 괜히 웃으면 뭐 본 벙어리 취급받고, 내풀로 인사하면 달보고 짖는 개같이 여긴다. 모과가 배를 흉본 짝이지만 지금의 우리들 웃음과 인사는 아무래도 멋 적기만 하다.

아무나 보고 웃는 사람은 누구의 친구도 아니라 하였지만, 수막새의 웃음은 보다 보편적이며 함축적이다. 그렁그렁한 눈시울에서 잔잔하게 흐르는 사랑을 엿볼 수 있듯이, 그 미소 속에는 애틋한 정서가 담겨 있었다. 부드럽게 안면을 부순 은은한 미소가 이내 사랑으로 퍼져 나아갈 것이기 때문이다. 불가마에 세련된 얼굴이 그예 영원의 미소로 살아남았으니.

아름다운 미소, 천년의 수막새 웃음이.

동動

　온 산하가 가을로 달음박질치던 어느 날, 막내처남의 약혼식이 대구에서 있었다. 공부하러 간 딸아이를 조퇴시켜가면서 서둘렀지만 겨우 비집고 들어선 고속도로는 한없이 더디기만 하였다. 쌩쌩거리는 버스전용 차선을 바라보면서 고속버스를 이용할 걸 하는 후회도 해보았지만, 다른 한편으론 설레는 마음을 억누를 수 없었다. 우리 가족의 또 다른 목적지는 2,000년의 역사가 살아 숨쉰다는 신라 옛 수도 경주였기 때문이다.
　어여쁜 경상도 새악시 곁에서 잠시도 떨어지지 않는 처남과 헤어져선 캄캄한 초행길을 헤치며 서라벌로 내달렸다. 아침 일찍 토함산에 오르려고 불국사 근처에 숙소를 정해 놓고, 조용한 음식점에서 더덕구이를 안주 삼아 토속주를 걸치고 있노라니 교교월색皎皎月色 에밀레종 소리가 은은하게 울려 퍼지는 듯한 착각에 밤이 깊어 가는 줄 몰랐다.

꼬락서니 좋게 늦잠 자고, 훤하게 밝은 산마루를 오르려니 마음 한구석이 못내 켕겼다. 해를 토해내고 역사를 머금었을 고스락 아래 펼쳐진 몇 천 년의 공간을 잠시 굽어보고선 진리의 빛을 담은 석굴로 향했다. 석굴 법당 안에는 빼곡히 들어선 미국인 단체관광객들로 발 디딜 틈조차 없었고, 안내인의 장황한 설명에 질려 뒷켠에서 잠시 서성대다 물러났다. 동해에서 솟는 첫 빛줄기를 차단하면서 석굴암을 에워 싼 목조건물이 못내 답답하다.

앞뜰 맑은 공기를 햇살에 모아 가슴 깊이 담아 보는데, 법당 기둥에 걸린 주련들이 얼굴을 활짝 펴고 반긴다. 어느 선사의 필적인지는 몰라도 글씨체가 형형하다. 탈속의 거침없는 자획을 찬찬히 새기다가 '動'에서 눈길이 멈춰진다. 자칫 움직임이 있었다. 불현듯 그 글자를 떼어 가고 싶었다. 카메라 앵글을 '力' 측방에 고정시키고 조리개를 조여 주면서 역광을 살폈다. 시점에 따라 확연히 달라진 영상이 꿈틀거린다. 날카로운 칼끝에서 살아난 섬광이 번득였고 거칠게 깎여진 바닥엔 갈기 세운 파도가 출렁거렸다. 나뭇결의 힘찬 맥을 살린 움직이는 글자. 잠시라도 틈을 주면 고삐를 풀고 동해로 내달을 것 같았다. 셔터를 누르는 검지 끝이 떨린다. 짜릿한 순간이었다.

아침 식사를 마친 후, 불국사의 화려하고 장엄한 경내를 유유히 둘러보고 나서 신라문화가 응집된 국립경주박물관에도 들러 깨져서도 소담스레 웃는 수막새를 흐뭇한 마음으로 만나 보았다. 반나절의 빡빡한 일정에 여기저기 기웃거릴 짬이 없어 천마총이 있는 대릉원으로 향했다. 정문에 들어서자마자 잘 익은 표주박을 촘촘히 엎어놓은 듯한 거대한 무덤군들의 기세에 압도된다. 역사의 형적들이 남아 있었다. 고인들의 자취가 감동으로 다가선다는 것이 새삼스럽다. 오랜 세월 지켜온 침묵으로 시간과 공간을 뛰어 넘어 거침없이 토해내는 사자후를 귀 기울여 들었다. 말로만 듣던 금자탑의 위용이 이만할까.

  금빛 구름 사이를 비집고 적막한 허공으로 장엄하게 솟은 첨성대에 들렀다가, 소나무 매끄럽고 금잔디 보드라운 계림에선 잠시 지친 다리를 달랬다. 관광 철 그것도 일요일 오후 귀경 길 마련엔 또 다른 감흥을 얻겠다는 느긋함은 언감생심. 아쉬운 여정을 줄이며 편액 글씨 단아한 계림비각을 빠져 나와 길을 재촉하는데, 부지런히 겨울잠 준비하다가 그만 발을 헛디딘 갈벌레가 가느다란 은사를 늘어뜨리고 공중에서 대롱거리고 있다. 나뭇잎으로 제 몸 돌돌 말고선 거미줄로 칭칭 동여매고 허공에서 허우적거리는 이름 모를 벌레의 색다른 움직임이 경이롭기까지 했다. 마치 연미복에 실크해트를 쓰고 단장에 밴조를 메고 해지는 나라에서 동쪽 벌판을 찾아온 순례자 같았다.

  600년 전, 이곳을 찾았던 문객 윤자운尹子雲의 시 한 자락.

"낙조는 오릉五陵의 가을에 짙고
희미한 왕사往事를 어디에 묻나."

돌아오는 길은 지리하기만 했다. 자정이 넘어서야 가까스로 궁내동에 도착하였지만, 차량들이 뿜어내는 고통스런 불빛들과 함께 여독은 깊어만 갔다.

더하기도 빼기도 산수련만.
경주 여정이 담긴 현상필름을 불빛에 비춰 본다. 많은 것을 담으려고 욕심을 부린 장면은 여지없이 낯설고 어설프다. 주제가 없으면서도 번잡하고, 상투적이면서도 힘없는 시선의 형상들이 무슨 까닭으로 여기 담겨있나 자책하면서 혹여 남이 볼세라 즉시 용도 폐기시켜 버린다. 그런 작업을 반복하면서, 단 한 장의 사진이 남을 때까지 계속해 본다. 결점 없는 물체가 어디 있으랴 하며 단호하고도 엉뚱한 혼자만의 품평회를 마친다. 그러고도 마음이 움직이지 않는 무리수가 여전히 존재하는 어설픔에 혀를 찬다.
"무슨 글자 같니?"
석굴법당 주련에서 딴 '勳'을 책상 유리 밑에 끼워 넣고서는 이제 한자공부를 갓 시작한 유치원생 아들에게 장난삼아 물어본다.
"수레 거車 이것은 과실 과果 비슷하고 그리고 힘 력力."

뜻하지 않게 빈 수레가 요란하다는 말의 실체를 파악하는 순간이었다. 결정체를 이룬 묵직한 움직임이 바로 動이었다.

'동극이정動極而靜 : 움직임이 극진하게 되면 고요해 진다'
얼마나 오랫동안 되뇌어 보았던 말인가. 움직임에 고요함이 있고, 고요함 속에 움직임이 있다는 말귀의 고삐를 잡아채려고 무던히 애를 썼지만 덜그럭거리는 빈 수레만을 몇 십 년이나 끌고 왔는지.

일어나면서, 자기 전에, 책상에 앉으면서 그리고 집을 나서면서 나도 모르게 한 번씩 눈길을 주는 사진 속의 動은 힘차게 요동치고, 아니 떨리고 있었다. 포부만 키우다가 끝나는 게으른 사람에게 날아든 경고의 화살이었다.

억새가 움직인다.
올해가 다 가도록 나는 그 꽃 아닌 꽃을 유심히 지켜보았다.
처절한 몸가짐과 간절한 기다림으로 침묵의 갈색 들판에 서 있었고, 하얀 꽃차례가 바람에 부슬대면 대지가 엎드리고, 찬 서릿발 거친 눈보라 속에선 더디지만 늠름한 근위대처럼 행진하였다. 되풀이되는 움직임은 굽히지 않는 억새의 삶 바로 그것이었다.

무엇을 위해 우리는 어지러이 움직이나. 시시각각 더욱더 힘찬 움직임으로 선뜻 다가서는 시작과 끝. 그냥 남들처럼 살아낀다고 되는 것은 아닐 터이고, 무작정 버린다면 무엇이 남아날 것이며, 그렇다고 몸 따로 마음 따로 여서는 더더욱 안 된다는 것쯤은 알고 있는데.
 다시 책상 유리 밑을 들여다본다.
 무엇인가, 그것은.

차산次山

차산은 내 호號다.

혹여 댓바람에 젊은 놈이 건방지게 무슨 호호 운운 하는가 혀를 차실 분이 계시겠으나, '차산'이라는 말을 나는 사랑한다.

차산은 당 현종이 애첩 양귀비와의 지독한 사랑을 끝낼 무렵 강직·청렴한 정치가로 활약하였던 원결元結의 자字인데, 사회 참여를 주저하지 않았으며 꼬장꼬장한 문인으로 필명을 날렸던 인물이다. 그의 자취를 찬찬히 살펴 볼 때, 그 분방한 삶과 옹골진 성품이 내겐 잔잔한 설렘으로 다가온다.

다음 산.

나서지도 자만하지도 않으면서 뒤에서 묵묵히 자기를 지키는 산. 그 겸손함 앞에 선 어찌도 어쭙잖은 나, 산 진 거북이요, 돌 진 가재처럼 든든하고 편안하지 않겠는가.

연전에 단오절을 맞아 연대에서 '한국의 부채'라는 특별기획

전이 열렸다. 원래 덤벙대는 나이지만, 질펀하게 초여름이 무르익은 교정 한켠의 조용한 전시관에 들어서자 선들선들 선들바람 불어대는 느낌이 예사롭지 않았다. 깃털부채, 방구부채 그리고 접부채로 크게 분류하여 부채의 역사를 망라하였는데, 옛 선인들의 단아한 기개와 풍류가 숨이라도 크게 쉬면 금세 찬바람을 일으킬 것만 같았다.

단오선물은 부채요, 동지선물은 책력이라. 부채를 선물하는 것은 더위를 쫓는 기본적인 기능 외에 바람을 일으켜 나쁜 병을 날려 버린다는 의미가 있다는 조상의 지혜도 알아보았다.

그 가운데서도 선면화扇面畵라는 것이 눈길을 끈다. 댓살에 붙이는 선지扇紙에다 산수를 그리거나 묵서한 것을 액자나 족자로 표구하여 놓은 것인데, 선추扇錘의 향이 아무리 운치 있더라도 선면에서 풍겨지는 정취만 하겠는가.

부채에는 무슨 매력이 있는 모양이다.

하루는 추사 집에 늙은 과객이 묵게 되었다. 추사가 외출하였다 귀가하니 툇마루에 못 보던 짐이 놓여 있기에, 그것이 무어냐고 청지기에게 물었다. 한 늙은 부채 장수가 해 저물어 하룻밤 신세지기를 청해 객방에 유하도록 허했다는 대답이었다. 그런가보다, 저녁상을 물리고 책을 읽는데 자꾸만 그 부채 짐이 눈에 맞더라는 것이다. 그래 부채 장수를 불러 부채에다 글씨를 몇 자락 써보마 청하였고, 아무 것도 모르는 나그네는 주인이 같잖은 풍류가 약간 있어 그러는가 하룻밤 재워주는 호의에

눌려 마지못해 허락하게 되었는데, 무슨 바람이 불었는지 추사는 그 많은 부채 모두에다 천하명필을 휘갈겼다. 아침이 되어 부채 장수가 떠나려고 짐을 풀어보니, 한두 개에다 써 놓았을 것으로 생각했는데 부채마다 뜻 모를 먹칠을 해 놓았는지라, 울화가 하늘 끝까지 치밀어남의 물건 몽땅 못쓰게 만들어 놓았으니 물어내라며 당대 서예가 추사를 드세게 몰아 붙였다나.

  부채는 인생살이를 상징한다.
  선扇은 선善이라 했으니, 나이가 들면서 인생 경험이 풍부해지는 것처럼 부채는 위로 갈수록 넓게 펼쳐지는 형상이 날렵하다. 부치는 채 들어 잔잔히 바람 일으켜 가슴속의 나쁜 기운 살랑살랑 내몰면 편작 화타인들 이보다 더 하겠는가.
  귀로에 신촌 로터리 노점에서 쥘부채 하나를 사들고 와서는 먹 진하게 갈아 선면에 차산次山이라 써 보았다.
  "차 -."
  막도장에 인주 묻혀 빨간 낙관도 찍어보고, 그 부채 목살 한 쪽을 잡고 힘주어 허공에다 냅다 뿌리친다.
  "팍!"
  내 사랑하는 선자扇子있어 사시사철 친구 되어 준다면 추선秋扇이면 어찌하겠나. 매양 정신이 번쩍 들일이고 둘째 산 떠억 버티고 자리 잡았는데, 산바람 그 얼마나 시원하겠으며 쏠쏠할 텐가 말이다.

두루

부슬부슬 비가 내리는 날엔 타이뻬이 생각이 난다.

돌이켜 보건대 대만생활 3년 동안 가장 어려웠던 일은 숙박 문제였다. 몇 달을 참을성 있게 기다린 끝에 신해로辛亥路에 있는 국제청년활동중심 2인실에 입주해도 좋다는 연락을 가까스로 받을 수 있었다. 입실 절차를 마치고 가방을 끌고 밀면서 배정받은 방에 들어서니 반쪽 주인이 먼저 방을 차지하고 있었다. 그는 나보다 조금 먼저 왔다는 이유만으로 좋은 위치의 침대와 사물함 그리고 책상을 마음대로 선점하고서 마치 사글세방 놓는 주인처럼 눈알을 부라리며 품위 없게 나를 맞이하였다. 아무렇게나 기른 턱수염, 움펑눈에 약간은 섬뜩한 눈씨 그리고 큰 키에 야윈 몸매를 하고 있었다.

행인지 불행인지는 몰라도, 인도사람 두루Dhuru와 같은 방을 쓰게 되었다.

나와 연배인 두루는 일찍부터 세상을 떠돌아다니는 외롭고 가난한 방랑자였다. 대만에 온지 얼마 안 되었기에 중국어는 전혀 못했고, 영어는 스스로 좀 한다고 하였다. 항상 주머니와 의논한 다음에 움직이는 처지여서 인지 식사도 가끔 거르는 눈치였고, 교통수단은 이소룡이 잘 신고 다니던 시커먼 싸구려 운동화였다. 그는 항상 전통의상을 차려 입고는 후적후적 걸어 다녔다. 아침에 그가 외출할 때 옷 입는 모양을 지켜보면 어안이 벙벙하다. 팬티만 하나 달랑 걸치고는 아기 기저귀 같은 길고도 하얀 명주천을 중요부분부터 감싸고 난 후 앞뒤로 여러 번 복잡하게 휘휘 돌리면, 그 특유의 옷차림이 되어 버린다. 옷 입는 모습을 유심히 지켜보는 나를 시커멓고 기다란 손가락으로 가리켜 가며, 너는 왜 네 나라 옷은 안 입고 다른 나라 옷을 입고 다니냐고 흰 눈빛을 보내기도 한다.

저녁에 돌아오면, 하루도 거르지 않고 촛불을 밝혀 놓고 야릇한 음악을 틀어 놓은 채 한참을 명상에 잠기곤 한다. 그로테스크한 의식이 끝난 후, 그게 무슨 음악이냐고 물으면 양팔을 넓게 벌리면서 영혼의 소리라고 대답한다.

어느 날 저녁, 두루는 예의 진지한 명상을 끝내자마자 입으로 촛불을 후욱 불어 끄더니만 정색을 하며 내게 물어볼 것이 하나 있다고 하는 것이었다.

"흥분이 무슨 뜻인가?"

"……."

그래 난데없이 흥분에 대해서 묻는 이유가 무어냐고 되물으니, 그날 사설 중국어 학원에서 벌어진 웃지 못 할 일화를 소상하게 들려주는 것이었다.

소동은 글짓기 시간에 일어났다. 선생님이 한 단어를 제시하면, 학생이 그 낱말을 이용해서 하나의 완벽한 문장을 만드는 연습이었다. 여 선생님은 미혼이었고, 발랄하면서도 장난이 심하였다. 공교롭게도 두루에게는 '흥분'이라는 단어가 던져졌다.

두루의 대답은 천연스러웠다.

"我一看老師就興奮起來了. 나는 선생님을 보자마자 곧 흥분하기 시작했다."

여 선생님의 상기한 얼굴에는 웃음을 억누르는 기색이 역력했다. 같이 배우던 학생들은 배를 쥐고 웃기 시작했다. 그러나 두루는 왜 그들이 떠나 갈듯이 웃어대는지를 알 수 없었으니, 속으로 답답하기만 하였다. 그러면서 그가 말한 의미를 다시 한 번 되짚어 보았다. '나는 선생님을 보자마자 곧 감동하기 시작했다.'는 제법 그럴듯한 문장을 만들어 내고선 스스로도 대견하다 생각했는데, 교실분위기는 전혀 다른 것이었으니. 이내 장난기가 발동한 여 선생님이 두루를 놀려대기 시작하였다.

"흥분을 잘 몰라요?"
"……."

"전혀?"
"……."
"내가 가르쳐 줄까요?"
"예."

또다시 교실전체가 폭소의 도가니로 변하였다.
수업이 끝난 후에도 짓궂은 남학생들이 그에게 와서 예쁜 여 선생님한테 개인교습 받게 되어 좋겠다고 놀리는 한편, 여학생들까지 킥킥거려 더더욱 불쾌했었다는 이야기를 들려주면서 도대체 '흥분'이 뭐냐고 흥분하는 것이었다.
하루는 점심을 먹으려고 혼자 식당을 찾고 있는데, 그가 흰옷을 펄럭이며 맞은편에서 걸어오고 있었다. 나는 그에게 점심 초대를 제의하였고, 한국음식점에 가서 불고기와 된장찌개를 시켜놓고 술도 한 잔 서로 나누었다. 점심에 초대받아서 그랬는지 원래 그런 마음을 가지고 있었는지 모을 일이지만, 자기가 이 세상에서 가장 좋아하는 여자는 바로 한국여성이라는 것이었다. 여건이 허락된다면 몸가짐이 단정하고 얌전한 한국처녀와 결혼하여 서울에서 살겠노라는 뜻밖의 포부를 털어놓았다. 그리고는 혹여 너도 돈 벌고 싶으면 인도에 가보라고 귀띔하는 것이었다. 돈을 벌더라도 인도사람 무시하지 말고 사랑을 베풀어야 한다는 충고도 해준다. 아무튼 그 날의 점심시간은 서로가 유쾌하였다.

가끔씩 그는 내게서 돈을 빌려 간다. 상환기일을 항상 지정해 주는데, 날짜가 되면 돌려 준 돈을 어김없이 갚곤 하였다. 그러면서 남의 물건을 탐하거나 약속을 지키지 않으면 영혼이 병든다는 설교를 빼놓지 않는다.

아무리 보아도 그 친구는 괴팍하다. 한번은 그와 함께 영화를 보고 있는데 별안간 필름이 끊겼다. 동시에 두루는 자리를 떴다. 영화가 다 끝날 때까지 그는 돌아오지 않았다. 숙소에 먼저 돌아와 있던 그는 극장 주인이 양심 없는 사람이라고 분개하였다. 또, 신문을 보다가 불량식품 기사가 나면 화를 있는 대로 내면서 이 나라 보건 행정이 너무 한심하다고 투덜거린다.

어느 날 깊은 잠에 곯아 떨어져 있는데 방안에서 쉬척지근한 냄새와 함께 쏴아하는 소리가 들리는 것 같았다. 불길한 예감에 벌떡 일어나 보니 그가 술에 잔뜩 취해서 방바닥에다 오줌을 갈기고 서있는 것이었다.

술 먹은 개라더니.

사나흘 후, 오후에 귀사해 보니 내 방 앞이 사람들로 웅성거렸다. 무슨 희한한 구경거리가 벌어지고 있었음이 분명하였고, 순간 두루가 떠오르자 철커덩 가슴이 내려앉았다. 다급히 구경꾼을 비집고서 방안을 들여다보니 아니나 다를까, 방바닥에는 물이 철철 흘러 넘쳤고 홀랑 벗은 두루가 온몸을 흠뻑 적신 채 두 손을 이마에 대고 무슨 주문을 외우고 서있는 품이 예사롭지 않았다. 둘이 공동으로 쓰는 방을 갠지스강쯤으로 착각했는지 모르지만, 기괴한 의식은 한참 동안 지속되었고, 급기야 복무대의 직원들이 대거 몰려오고 나서야 한바탕 소란은 끝이 났다.

그 날 밤, 나는 낮에 그가 저질렀던 바의 행동을 추궁하였고, 다른 한편으론 넌지시 그 이유를 캐물었다.

그는 꽤 진지하게 대답하였는데, 지금까지도 그 말이 아리송하다.

"어머니 품에 안겨 있었다."

어쨌거나 그러한 일들이 있고 난 다음부터, 서로가 서먹서먹해지면서 필요한 대화만 나누게 되었다. 그런데 어느 날 꼭두새벽, 자고 있는 나를 다급히 깨우는 것이었다. 눈을 비비고 일어나 앉으니, 두루는 내게 자기 반지에 붙어 있던 금강석을 못 보았냐고 물어 보는 것이 아닌가. 물속에는 서도 사람 속에는 서지 말랬는데 이러다가 국제소송에 휘말리는 것이 아닌가 하면서 못 보았다고 단호하게 대답하였다.

그 찬석은 인도에서 나는 질 좋은 다이아몬드였는데 어머니가 돌아가시면서 자기에게 물려주었다고 한다. 오늘 아침에 일어나 보니 알 빠진 반지만 있더라는 것이었다. 그러면서 눈알 빠진 반지를 내 코밑에 바싹 들이밀었다. 같이 침대 밑을 뒤지고 야단법석을 떨었지만 헛수고였다. 잠시 후, 두루는 찾는 것을 포기하더니 창문을 열고 밖을 내다보며 조용히 중얼거렸.

"나와 인연이 다 했기에 저 갈 데로 간 것이다."

그 일이 있고 얼마 후 무심히도 비가 내리던 날, 다 떨어진 가방에 옹색한 짐들을 챙겨 넣고 두루는 총총히 아프리카로 떠나갔다.

지금도 그는 세계 어느 이름 모를 구석에서 시커먼 얼굴에 흰 복장을 하고서 영혼의 소린지를 듣고 있을 것이다. 귀중한 금강석도 인연이 다하면 훌쩍 떠나 버리는 것이라고 하면서 담담해 하던, 표류하는 성자 같았던 두루는 지금 어디서 무엇을 하고 있는지 한번 만나보고 싶다.

구원久遠

　청량리에서 구리 가는 버스를 타고서 위생병원을 지나 조금 달리다 보면, 엉겁결에 가파른 망우로忘憂路 고갯길을 만나게 된다. 숨 가쁘게 달리는 자동차에 몸을 싣고 잠깐이면 지나는 언덕길에 불과하지만, 문득 아차산과 마주하는 여기가 서민의 마지막 애환을 담았던 망우리 공동묘지라는 것을 생각하면 버거운 길이다.
　웃음으로 끝내는 인생이 어디 있겠으며, 울음으로 시작되는 인생은 무엇인가.
　다소곳한 흐름을 타고 있는 수많은 무덤들을 대하니 아름답기까지 하다. 망인들에겐 너무 원통하고 허무한 죽음이었기에 저리도 아름다운 집을 원했을까.
　봉긋봉긋한 젖무덤은 눈에 거슬리지도 않고, 유연한 곡선으로 타구 친 모습은 날렵한 여인네의 멋들어진 춤사위 같다. 죽어서도 혼자이면 너무 외로울 것 같아서 머리 쪽에도 발끝에도 이웃을 두고, 빈부귀천 나 몰라라 모두들 평안한 듯 누워 있는 그 곳.

어느 이른 봄날, 망우리를 찾은 이유는 어떤 망자의 마지막 자취를 보기 위해서 이다. 언젠가는 한번 뵙고 싶었던 분, 만해 한용운 선생이시다.

관리사무소 입구에 그려진 안내판에서 묘역 위치를 대충 가늠하고 길을 잡았다. 일방통행로 표지판 우측으로 난 시멘트 길로 들어서서 바로 앞에 보이는 면목동쪽을 바라보며 여기 눈길 한번, 저쪽 시선 한번 주며 바쁘지 않은 걸음을 옮긴다. 다리 아프면 길섶에 앉았다 다시 오르기를 몇 번, 강남땅이 내려다 보이는 길을 한참 더듬자 그 분 유택이라는 푯말이 나타난다.

좁은 입구를 비집고 올라가자 조촐한 비석이 한 눈에 들어온다. 어느 서예인이 쓴 '만해한용운선생묘萬海韓龍雲先生墓' 글씨 왼쪽으로 투박한 서체의 '부인유씨재우夫人俞氏在右'라는 비문이 애처롭다. 사방 몇 자 안 되는 좁은 터에는 그리 높지 않은 봉분 두 기가 모양새도 갖추지 못한 채 나란히 붙어있었다. 무덤 앞에는 상석과 향로석이 초라히 놓여 있었고, 그 옆 화병에는 어느 누가 다녀가면서 꽂아 놓은 듯한 흰 국화 두 송이가 시들어 가고 있었다.

돌아가신 이듬해 광복을 맞이하셨던 당신의 일생은 구도자,

독립투사 그리고 시인으로서의 위대한 삶이었다. 왜인과 그 앞잡이들의 온갖 집요한 회유에도 흔들리지 않다가 심우장의 차디찬 방에서 자랑스런 생을 마치셨다. 일인이 경영하는 화장터에서 당신 살 태우는 것도 욕되다 하여 동포가 운영하던 미아리의 초라한 화장터에서 간소한 다비식을 마치고서 여기 한 줌의 재로 묻히셨다.

경건히 합장하고서 삼배 올린다. 숙연한 마음으로 뒤돌아보니 한강으로 흘러드는 물줄기 너머 저 멀리에는 설악산 백담사 가는 도로가 가물거린다. 무엇이 당신으로 하여금 백담사에서 나오게 하였습니까, 그리고 이곳 망우리에 오기까지의 거대한 민족혼은 무엇으로 불사르셨습니까 하는 물음을 던져 보는데, 코앞에서 막 꽃망울을 터뜨리려 하는 잡종 벚나무 세 그루가 영 마땅찮다.

주위가 허허하다.

기미 독립 선언문을 낭독하신 선생께서는 민족대표들과 함께 영어囹圄의 몸이 되셨다. 거족적 운동의 여파는 일파만파 번져 나가게 되었고, 일제에게 민족대표들은 흡사 눈엣가시 같은 존재였다. 마침내 그들 모두를 '극형에 처한다.'는 풍설이 감방 안에 나돌게 되자, 적잖은 사람들이 두려움에 떨게 되었고 일부는 어이없게도 대성통곡까지 하였다. 그 꼴을 지켜보던 선생께서는 감방 안에 있는 오물통을 들어서 냅다 그들에게 뿌리면서 일갈하신다.

"나라 위해 죽는 것이 슬프다면, 당장에 취소해 버려라."
 선생께서 옥고를 치르시고 출감하던 날, 많은 사람들이 서대문 형무소로 마중을 나왔다. 그들 대부분은 독립 선언 서명을 거부하였거나, 날인을 하고도 오직 제 한 목숨 부지하겠다고 몸을 숨겼던 면면들이었다. 그들을 향해 침을 탁탁 뱉으면서 선생 특유의 독설은 광채를 내뿜는다.
 "그대들은 남을 마중할 줄은 아는 모양인데, 왜 남에게 마중 받을 줄은 모르는가."

 서릿발 같은 선생의 기백을 엿보고자 했던 긴박감이 다사로운 햇살아래 무디어지며 온몸이 사르르 무너진다. 할아버지 산소에 온 기분으로 비석 뒤 잔디에 누웠다. 잔잔한 봄 햇살이 쏟아진다.
 "스스로 움직이는 것은 사는 것이요. 스스로 움직이지 못하고 고요한 것은 죽은 것이다."
 그 분 시구 한 토막이 생각난다.
 지금 당신은 스스로 움직이지 못하니 산 것이라 할 수 없지만, 그 고매한 정신일랑 많은 사람들에게서 살아 숨 쉬고 있으니 영원히 산 것이라.
 움직이되 스스로 움직이지 못하는 사람들.
 나부터 스스로 움직이자.
 비스듬히 옆으로 누워 먼 하늘 바라보다가 흙먼지를 털고 일어선다. 살며시 유택을 빠져 나와 조금 내려오니 위창葦滄

선생이 지척에 누워 계신다. 살아서 서로 두터운 교분을 나누시더니 죽어서도 다정한 이웃이다. 눈비 오거나 바람 불어도 심심치는 않으시겠다. 위안이라면 위안이다.

어디선가 홀연히 향두가香頭歌가 들려오는 듯하다.

"인간 백년 다 살아야, 병든 날과 잠든 날과 걱정 근심 다 제 하면, 단 사십도 못 살 인생……."

60평생 겨레와 나라 위해 애쓰셨던 만해 한용운 선생님, 부디 이곳에서 편안히 살아 숨쉬소서!

사유

 거미들이 거미줄을 바람에 비끄러맸다.
 비충飛蟲도 아니건만 수백만 마리의 거미가 대롱대롱 불란사 주란사실에 매달려 새 터를 찾아 풍편風便에 실려 간다. 사람들은 거미들이 떼 지어 바람 탄 진풍경을 일러 거미의 여행, 사유 糸遊라 이름하였다.
 사람들이 흘러가고 있다. 우루루 쏠려 다니면서 좌절도 겪고 성공도 한다. 인생의 간이역에는 늘 상하행 열차가 엇갈린다. 바람을 헤치는 사람들. 까탈스런 바람살이 오히려 즐거운 사람도 있다. 바람결에 머리를 서늘하게 식힐 줄 아는 사람은 적어도 꿈이 있는 사람이다.
 바람이 인간을 지혜롭게 한다고 했다. 그래 그랬는지 폭풍의 언덕에 세워진 히드클리프의 집이 그 모양이었을까. 바람은 높은 나무도 싫어한다는데, 무슨 심사로 왕바람을 정면으로 받는 집을 지어 놓았나. 풍독風毒 때문에 잠 못 드는 나무 같은 사람들. 정면으로 역경을 받아 들여야 했던 사람들. 헤치면 훈풍이 되지만 거기에 묻혀 버리면 앙상한 가지에 부는 삭풍이고야 마는 것이라 말하고 싶었기에 그러했을까.

사유, 평생을 실어주고 내려주고 하면서 곳곳을 지나치는 바람여행. 가는 배는 순풍이고 오는 배가 역풍이라면 바람은 그 속절없음이 삶의 여정과도 흡사하려니.

저녁상을 물리고서 공원을 찾았다. 도서관 성당 앞길 보도에 낙엽이 지천이다. 불그스레한 하늘빛과 노란 은행잎이 어우러지는 땅거미 진 늦가을 공원 동네 꼬마들 소음이 그득하다. 롤러 브레이드 타는 사내애, 훌라후프를 연신 돌려대는 계집아이, 자전거를 몰고 연못으로 돌진해 얕은 물에 자빠졌다가 다시 일어서며 제풀에 까르륵 웃어대는 개구쟁이들. 그저 멍하니 벤치에 앉아 있자니 만추의 공원이 가을 호수처럼 여유롭다.

갑자기 쏴아하며 스산한 바람소리가 몰려온다. 그 소리가 예사롭지 않더니만 순식간에 주위가 어둑해진다. 열병합발전소 쪽에서부터 신밧드의 융단 같은 것이 하늘을 촘촘히 가렸는데, 천사의 머리칼을 양탄자 밑에 가느다랗게 늘어뜨리고 까마종이처럼 동글동글한 것들이 억수로 매달려 스멀거리며 끝없이 다가오고 있었다.

벤치에서 벌떡 일어나 고개 젖혀 하늘을 올려다보니 온통 새카맣다. 바로 사유하고 있는 거미들이었다. 그 놈들이야말로 화려한 노을 저편 사유의 광장을 찾아 선뜻선뜻 몰려가는 바람이었다.

"솨르르르르…!"
"솨르르르르…!"

어디론가 떠나고 싶을 때 으레 기차역으로 나가곤 하였다. 플랫폼에서 느낄 수 있는 야릇한 긴장감과 막연한 가슴 설렘. 여하튼, 어느 때고 아무 거리낌 없이 야간열차에 훌쩍 몸을 실어 보는 것은 기성세대실행불가 가운데 하나이다. 혹 누가 슬며시 등 떠밀어 주면 기다렸다는 듯 뒤도 안 돌아보고 가야 하는데, 삶의 얼개란 것이 소맷자락을 도통 놓아주질 않으니 딱한 노릇이다.

바람은 우리로 하여금 인생의 간이역을 찾게 한다. 그 간이역에서 철륜鐵輪과 함께 펼치는 철륜哲倫의 한마당. 급행열차가 굴레 벗은 말처럼 철심鐵心을 깎아 내리며 철길을 질주한다. 차창 밖으로 환하게 뿜어졌던 불빛이 초라한 간이 역사를 핼끔 훔친다. 시골의 작은 철도역은 다시금 진한 어둠에 잠기고, 각단 없는 사유의 정거장이 되고야 만다.

별안간 별똥 하나가 아스라한 실오리를 늘어뜨리고 급행

열차의 뒤를 좇는가 하더니만, 이내 우박처럼 유성우가 쏟아져 내린다. 겹겹이 자아내는 천사의 머리칼이 바람결에 나부낀다. 낮보다 더욱 역동적인 것이 경외심을 자아내는 밤의 정적이다.

  돌아보면 오한과 주저로 점철된 궤적이지만 다음 승객을 위해 오늘도 예정된 길을 달려야 하는 것이다. 혹여 몸 따로 마음 따로 움직여도 괜찮다면 오죽 좋으련만 그런 달콤한 절반의 여행이 어디 있을라고.

  사유의 간이역을 찾는 우리는 정녕 외로운 여객旅客이 아닐까.

양수리

양수리兩水里는 만나는 곳이다.

삼척군 대덕산에서 발원한 남한강과 강원도 금강산에서 용솟음한 북한강이 비슷한 수량으로 흘러와서 소리 없이 만나는 두물머리. 그 곳 사람들은 그곳에서 벌어지는 하루의 삶을 바쁘게 보내지만, 두물머리의 산수는 두 강이 합치는 그득한 움직임을 조용히 펼쳐 낸다. 남한강과 북한강이 만나서 축제를 한바탕 벌이는 곳.

한강은 그 곳에서 시작된다.

본류인 남한강은 강굽이가 발달되어 물 흐름이 느리고 강너비가 살쪄 있었던 까닭에 많은 선사 유적지를 품어 냈으니 어머니를 떠올리게 하고, 지류인 북한강은 곧고 물 흐름이 빠른 모양새가 아버지 체취가 물씬 묻어나는 물줄기이다. 이 물줄기들이 양평군 양서면 양수리에서 만나서 서북방향으로 물줄기를 튼다. 그 물줄기는 팔당을 지나 다시 광나루·뚝섬·여의도·행주를 거쳐 황해도 서해로 빠져나가는데, 그 자취가 1,300여 리에 이른다.

두 흐름이 이곳에서 하나로 만나면 한강이 용틀임한다. 웅장하게 벋쳐오르는 한강은 포만한 젖 줄기를 만들어 내고야 만다. 그래서 양수리는 서울이라는 파노라마를 펼쳐내는 당당한 주연이 된다.

이 양수리는 어린 시절 여름방학 때 찾아가던 외갓집 초입 같이 정겹다. 깊어 가는 가을날 그 곳을 찾으면 색다른 맛이 난다. 단풍이 익을 대로 익어 흐므러지면 강물은 더욱 파래지면서 통통히 살찐다. 팔당댐에 물이 가득 차면서 더욱 커다란 호수를 만들어 내고, 이내 두부콩 삶아내는 듯한 진득진득한 물안개를 뿜어낸다. 순식간에 자욱한 안개에 잠긴다. 청계산 옆의 벼락바위도 두물머리의 명물인 홰나무도 그 안개 앞에서는 위용이 무색해 진다. 그러한 안개는 초가을에 시작해서 길게는 다음해까지 이어지기도 하고, 가을 한철 내내 젖은 솔가지 태우는 듯한 진한 농무를 피워 내고야 만다.

아스팔트에 진한 원색으로 누워있는 낙엽을 부숴대며 인가의 조그만 창문을 통하여 불거져 나오는 희뿌옇한 불빛을 가늠하고 안개에 유린당한 길을 걷고 있노라면 어깨를 움추리게 된다.

지척을 분간하지 못하는 상황에서 별안간 두런두런 거리며 지나치는 사람이라도 만날라치면 실루엣 뭉치가 걸어오는 것 같아 흠칫하지만, 그런 기분도 이내 짙은 안개 속에 묻히어 버린다.

양수리의 안개는 뭐니뭐니해도 새벽녘에 피워 오르는 자욱한 물안개가 으뜸이라고 하지만 천성이 게으른 사람이 새벽같이 일어나서 물가로 나가는 것은 아예 불가능하니, 아무렴 당연히 아름답겠지 하는 상상만으로 지낸다.

올 가을이 깊어지면 무슨 일이 있더라도, 그 곳에 가서 하룻밤을 꼴딱 새워야겠다. 혹 양수리 같은 아름다운 만남이 내게도 있을지 모른다는 막연한 기대감은 그리 나쁘지 않기 때문이다.

히말라야

눈이 잠든다는 곳.
만년설에 덮인, 사계절에서 여름과 겨울 두 계절만을 택한 히말라야.
히말라야의 걸쭉한 산맥들은 인도양에서 불어오는 끈적끈적한 바다바람을 웅혼한 흡인력으로 빨아들여 강한 비바람도 만들고, 수시로 지척을 분간하기 힘든 폭설을 부른다. 내리는 비를 금세 얼어붙게 하고 다시 눈을 만드는 히말라야. 칼날 같은 바위 끝을 감도는 매서운 바람이 긴긴 밤을 서러운 듯 울어댄다. 여러 날 울부짖는 처절한 바람소리를 들은 눈보라는 이내 끝없이 부서지면서 몇 날 며칠이고 그의 등허리를 할켜댄다. 마치 사이클론에 준동하는 파도처럼 성난 갈기를 세운 눈보라는 거침없이 내달린다. 눈 없이는 하루도 편히 잠들지 않으려는 히말라야.

 쫓겨 가던 구름이 정신없어 흘리고 간 새털구름 몇 조각이 쪽빛 하늘 한 귀퉁이를 수놓으면 신령스런 은빛으로 번쩍거리는 히말라야의 수많은 영봉들은 하늘의 교향악을 감상하려는 듯 다소곳하다. 무거운 침묵도 알고, 변덕도 심심찮게 부린다. 이제나저제나 다부진 몸가짐을 추스르고 있는 히말라야.

 교교한 밤에 히말라야는 무엇을 하는가. 나무도 없고 풀 한 포기 나지 않는 그곳에서는 누가 그의 친구 되어 주는가. 산 아래 걸려있는 구름들인가, 손을 내밀면 잡힐 듯한 북두칠성인가. 아니면 하염없이 내리는 눈인가. 어느 누가 없어도 좋고 있으면 더 좋은 그 산은 외롭지만 혼자서도 의연하다.

 히말라야는 유라시아대륙의 남부 6천리를 쉼 없이 내달으면서 태고의 숨소리를 간직하여 왔다. 유구의 인도가 치켜 올리고 역사의 중국이 내리 눌러 당당하게 솟아 난 유구한 역사의 히말라야는 깨어 날 줄 모르는 장엄한 유적幽寂에 잠겨 있다. 그 영원의 고독이 우주에는 너무 버거운 소지품이었던가. 남겨진 어둑어둑한 산줄기들이 그곳에서 유유히 용틀임해 댄다.

 사람들은 그곳을 정복하려 했지만 삼라만상의 끝이다. 누구의 발자국도 남기지 않는 태초의 나지로 남아 있다. 남기면 지워 버리고 패이면 다시 채워 놓는 고집이 까탈스럽기까지 하다. 해발 8,000미터를 넘는 산들을 30여 개나 거느리고 있는 히말라야 중에서도 최고봉인 초모랑마Chomolungma에게 정복이란 없다. 안아 주는 곳. 초모랑마는 어머니이다. 이것과 저것을 구분하지 않고 보듬고 감싸면서 태시부터 고독한 대지를 지켰고, 표변하는 세상을 지금까지 굽어보고 있다.

   대지를 적시기 위한 히말라야의 숨결은 여러 갈래의 하천으로 나뉘어져 내 뿜어지고 있다. 인더스 갠지스 같은 물줄기를 발원하였으니, 그 생명의 숨결은 어머니 품처럼 넉넉하고 아늑하고 그리고 위대하다.

   흰 눈이 거처하는 곳.

   눈의 보금자리를 지키는 사람들에게 히말라야는 다른 그 무엇의 독특한 매력으로 다가왔을 것이다. 마음을 담는 그릇인 아라야이었나. 헤어나기 어려운 깊은 고독의 구렁에서 새록새록 솟아나는 의식의 깨달음인가. 대 히말라야 산맥은 설선雪線 위로 솟구쳐 어제의 자기 존재를 마다하고서 항시 새로운 히말라야를 갈구하고 있다. 눈은 그러한 히말라야에게 어울리는 영원한 친구이다.

   히말라야는 눈을 부르고 있다.

살구꽃 핀 마을

그리고 그리다가 그리움 되고,
바라고 바라다가 바람이 되네.

어느 봄날, 한 라디오 음악프로 진행자가 꽃피는 봄은 '보다'에서 유래되었다고 너스레를 떤다. 감상적인 해석이지만 운치는 있다.
꽃피는 이 시간, 우리는 무엇으로 살아가는가.

가깝게 지내는 분이 잘 생긴 백자 새우 항아리를 건넨다.
모가지가 짧아 어깨는 넓고 몸뚱이가 넉넉하면서도 깊고 푸른 하얀 바탕은 유달리 그윽한데, 한 마리 검은 새우가 힘차다. 바닥을 보니 항아리의 호방한 자태와는 달리 작가의 글씨체가 수줍다. 잘 보이는 곳에 둔다.

그런데 받은 바로 다음날 우연찮게 이천에 갈 일이 생겨, 한 판매점에 들러 구경하다가 혹시 새우항아리를 만든 도예가를 아느냐고 물으니 뒷집을 가리킨다.

불쑥 찾은 그 집 마당 가운데 도토리나무가 있고 그늘 아래 널찍한 평상이 있다. 앞에는 기와를 얹은 야트막한 토담이 있어 그 너머로 마을이 한 눈에 들어온다. 작업실과 전시실 그리고 우물, 그 옆으로 살림집이 있는데 뒷산엔 짙은 신록이 흩날린다.

이당利堂 박철원朴喆遠.

하얀 얼굴에 맑은 눈을 가진 40대 중반의 당당한 체구, 20년 동안 체온으로 느끼고 몸으로 빚어 일가를 이루어 낸 이 땅의 도공.

지금은 다기를 주로 만든다고 자신을 소개하는데, 노르스름한 살구가 대접에 담겨져 평상 위 한가운데 놓인다. 올해 처음 딴 과실이라며 웃는다.

전시실에 들어서자 도공의 이력이 방안 가득하다. 주인은 차를 끓이고 손님은 여기저기 둘러본다. 한쪽 벽면 가득 자신의 기사가 실린 신문이 액자로 걸려 있다. 거기에서 발길이 머물자 차를 끓이던 선생은 큰 소리로 웃으며 전말을 밝힌다. 처음 전시실을 열었는데 사람들이 한번 휘둘러보곤 그냥 가더라는 것이다. 도대체 작가의 명성에만 눈길을 주지 작품 그 자체에 관심을 나누지 않는 세태에 어쩔 수 없이 그렇게 하였다며 다시 한 번 웃는다.

즐거운 인연이었다며 인사하고 돌아오던 길, 한강 둔치 계단에 앉아 다리에 걸린 아름다운 저녁놀을 바라본다.

자신의 손으로 만들지 않으면 자기의 작품이 아니라던 고집. 부수고 깨트리고 무너지고 나자빠지다가는 드디어 세월의 무게를 등에 업고 일어선 한 도공의 어깨의 짐을 누군들 가늠할 것인가. 좌절과 번민을 짓이기고 자신의 삶을 빚어 낸 장인에게 겸손한 자신감이 남았다면 그에게는 갈채만이 따를 것이다. 그래서 누구에게도 양보하지 않는 낙원을 그리움이라 하던가.

고독과 우울을 벗 삼아 아득한 향기를 피워 내야만 하는 것이 삶이다. 끝없는 움직임이 고요히 머물러 하나의 결정으로 남고, 그 앙금에는 순수한 움직임만이 출렁이게 된다.

그렇다면 내 살림살이는 무엇인가.

한줄기 바람 따라 사라져간 허망한 바람은 아닐는지.

삶의 아름다움이 결국 살림을 만들어 내는 것이며, 어떤 살림인가에는 반드시 차가운 눈길이 거쳐야 할 터.

어느 시인의 속내를 들여다본다.

> 청명절 비가 흩날려
> 길 가던 나그네 애가 타는데.
> 주막이 어디냐고 묻자
> 목동은 멀리 살구꽃 핀 마을을 가리키네.

깊은 우물

지하철을 타고 가는데 옆자리 나이가 지긋한 분이 고향자랑을 한다.

"바닷가 우리 집 오동나무 아래 커다란 돌우물이 하나 있었는데, 가물거나 큰물이 나도 두레박을 던지면 한참 있다가 첨벙하고, 여름에는 시리고 한 겨울에도 김이 모락모락 올라오는 참샘이야. 오랫동안 집 떠나 보니 그 물맛이 제일 삼삼해, 지금도 그 깊은 우물이 문득문득 생각나."

행복한 사람이다.
넓은 뒤뜰의 넉넉한 가세도 대충 짐작되지만, 소박하게 고향의 우물을 되새기던 화사한 얼굴의 노신사는 다음 역에서 내린다.
 다 같은 우물인데도 진국이 따로 있구나.

 산수유 가물거리던 올봄, 강진에 갔다.
 서울엔 개나리가 꼼지락거리는데, 이곳은 선홍빛 동백이 한창이다.
 말끔하게 단장된 모란의 시인 영랑 생가 뒤뜰의 대나무 숲이 석양에 서걱거린다. 정류장에서 무작정 바닷가 마량으로 향한다. 뉘엿거리는 청자마을을 지나 조그만 어촌에 들어서서 바다가 바라보이는 곳에 방을 정해 놓고 허름한 식당에 앉아 있으려니 창밖에는 봄비가 내린다. 어두운 바다는 점점 깊어가고 건너편 환한 횟집 수족관의 세발낙지가 반짝거린다. 바람에 취해 바다에 취해 휘적휘적 돌아와 벌렁 침대에 눕는다.
 밤바다가 방안으로 밀려든다.
 갑자기 숨이 막힌다.
 창문 밖 가로등은 검푸른 수면을 비추는데, 내 방은 바다 위에 둥실 떠 있는 것 같다. 출렁이는 물결에 몸을 맡기고서 간간이 빗발이 스치는 마량의 밤을 그렇게 한참을 바라보다 잠든다.

 깊은 우물 밑으로 삶이 흐르고 있다.
 우물은 젖가슴이다. 땅속에 고여 있는 샘은 없다. 어머니

젖가슴도 빨아야 젖이 나듯, 땅을 파야 물이 고이는 것이다. 파면 팔수록 시리도록 다사로운 생명수를 간직한 우물은, 각박한 오늘을 살아가는 우리에게 또 다른 고향이다. 외딴 우물을 홀로 찾아가선 가만히 들여다보다가 달 밝고 구름 흐르고 하늘이 펼쳐지면 파아란 바람 분다던 어떤 시인은 결국 우물 속에서 자화상을 발견한다.

　꿈속을 헤매다 눈을 뜨니 새벽 3시.
　비는 그쳤는데 어느새 창밖에는 푸른 바다가 속을 환히 드러내듯 빛나고 있다.

　지금도 가끔 강진의 그 바다가 불현듯 생각난다.
　마치 땅속 우물의 깊은 속내라도 들여다 본 듯.

붉은 소나무

4부

방앗간
말하는 잎새
장독은 허리가 없다
초록, 너는 번지지 마라
붉은 소나무
낙타
청운산장
물푸레나무
언덕

방앗간

  동네 한 복판에 방앗간이 있었다.
  마당이 넓고 뒤쪽으로 개천이 흘렀다. 여름에는 멱 감고 겨울에는 썰매 타던 놀이터가 바로 방앗간 뒤 그 개천이었기에, 방앗간 마당은 자연스레 개구쟁이들 활동무대였다. 누가 부르지 않아도 참새처럼 하나 둘 모여들었다.
  재잘재잘 한참 뛰놀면, 할아버지 방문이 와락 열리면서 억센 함경도 고함이 터져 나왔다.
  "종간 - 나 새끼들, 공부는 안하고 놀고만 자빠졌니."
  방앗간 지붕은 양철이었고, 커다란 문은 나무판자인데 조그만 쪽문도 붙어있었다. 듬성듬성 널빤지 사이로 어두컴컴한 내부가 훤히 들여다보였다. 전기스위치를 올렸다 내렸다 하면 동력을 전달하는 핏대가 서서히 움직이다가 잠시 후 요란한 굉음을 내면서 들썩거렸다. 먼지와 기름 냄새가 진동하였다. 윙윙 소리를 내며 무섭게 돌아가던 가죽벨트가 갑자기 벗겨지면 할아버지는 작대기로 쌩쌩 돌아가는 쇠바퀴에 잽싸게 끼워 넣었다.

여름에는 어머니가 밀을 빻고, 가을에는 아버지가 쌀을 찧었다.

개울 쪽으로 난 문 밖은 초여름 신록이 환했고, 밀가루방앗간은 조용했다. 주인은 한가하게 기계 돌아가는 것을 살폈고, 어머니는 밀가루 만들어지는 것을 기다렸다. 커다란 나무상자 뚜껑을 열어젖히면 마치 눈처럼 하얀 밀가루가 소복하였다. 신기하여 허리를 구부리고 자꾸 열어보면, 가루 날린다고 할아버지한테 꾸지람을 들었다.

가을에는 볏가마니가 마당에 빼곡하였다. 대머리에다가 수염이 덥수룩한 할아버지는 멜빵바지 작업복에 도수가 높은 안경과 하얀 마스크를 쓰고, 시끄러운 기계소리 때문인지 말을 할 때면 눈을 동그랗게 뜨고 손짓을 해가면서 소리를 질러댔다.

영근 벼를 찧으면 쌀과 속겨 그리고 왕겨가 나왔다.

아버지는 쌀과 쌀겨를 챙기고, 형과 나는 옥수수 알갱이처럼 노랗게 뿜어져 나오는 왕겨를 가마니에다 담았다. 쌀눈이 많이 섞인 고운 속겨는 돼지에게 주었다. 왕겨는 군불을 지피는 땔감이고 인분을 쟁여놓으면 거름이 되었다. 왕겨를 수레 가득 싣고 와 건넛방 아궁이에 틀어넣고서 고구마를 묻어 서서히 구웠다.

부지깽이로 거뭇거뭇하게 탄 왕겨를 헤치면 빨간 구덩이 속에서 고구마가 익었다. 누런 왕겨는 젖은 짚단처럼 안으로 안으로 타들어가며 끊임없이 뽀얀 연기를 내뿜으며 밤새도록 탔다.

 방앗간 옆 할아버지 방이 있는데, 서재였다. 커다란 책장에는 외국서적이 가득했다. 할아버지는 항상 책을 읽었다. 가끔 서울에서 멋쟁이들이 찾아왔다. 자가용을 타고 온 신사들은 할아버지 다다미방에서 춤을 배웠다. 할아버지는 영어로 된 교본을 읽어가며 춤동작을 일러주었다. 잘생긴 그들과 춤도 능숙하게 추었다. 눈치코치 없게 방문에 걸터앉아 열심히 지켜보아도 할아버지는 힐끔힐끔 쳐다만 볼 뿐 아무 말도 안했다.
 설날 몰려다니면서 세배를 다녔다. 할아버지한테도 절을 하였다. 달랑 5원짜리 동전 한 닢을 주었다.
 동네 개구쟁이들에게는 인기가 없었다.

 오산의 유엔군 초전투비.
 서울을 점령하고 수원을 지나 파죽지세로 남하하던 북한군은 죽미령에서 미군과 처음으로 맞붙었다. 천하무적 미군은 거의 전멸하다시피 하였다.
 존슨 미국대통령이 한국을 방문하였을 때, 그곳을 찾았다.
 국빈을 맞이하여 통역을 담당한 사람 가운데 한 사람이 할아버지였다. 교장선생님이 그 놀라운 활약상을 지켜보고서 교사로 특채하였다. 우리에게 고함만 내지르던 방앗간 주인에서 영어선생님으로 위상이 바뀌었다. 자전거로 출근하는 뒷모습에는 위엄이 있었다.

방앗간 뒤꼍으로 돌아가면 꽈리와 까마종이가 새파랬다.
여름에는 대바구니를 팔러 다니는 담양 아주머니들이 방앗간에서 며칠간 머물렀다. 한 귀퉁이에다가 소쿠리를 산처럼 쌓아 놓았다. 구수한 남도사투리를 쓰던 아주머니들은 깡보리밥을 해서 대바구니에 담아 축축한 베보자기를 덮어 서늘한 곳에 놓았다. 호박잎 쪄서 된장찌개 칼칼하게 끓여 시키먼 밥을 싸먹고는, 매캐한 쑥 태우며 팔랑팔랑 부채 부치며 평상에 앉아 오고가던 이런저런 이야기 장단이 감미로웠다.

한 겨울 늦은 오후, 우리는 볕이 짧게 내려 쪼이는 방앗간 담벼락에 등을 바짝 기대고 손을 뒤춤에 찔러 넣고 한 줄로 죽 늘어서서 시린 눈을 찡그리고 해바라기하였다. 어깨쭉지가 오슬오슬하여도 등과 엉덩이는 따스했다. 어둑하여 집에서 저녁 먹으라고 부르는 소리가 들리면 하나 둘 빠져 나갔다.

말하는 잎새

늦가을 치악은 온통 가랑잎이었다.
 병영시절, 찬바람 몰아치던 깊은 산중에 서걱서걱 밟히는 갈잎이 그렇게 속삭일 줄 몰랐다. 인디언은 책을 '말하는 잎새'라 하던데, 나의 군문 이야기도 그만큼은 되지 않을까.
 초등학교 여학생과 편지를 주고받았다.
 반복되는 고달픈 일상으로 심드렁해진 병사에게 그 편지는 아늑함이었다. "아저씨께 꽃을 드린다면 물망초를 드리겠어요." 라는 발랄이 나이답지 않게 인상적이었던 그는 분홍빛을 봉투에 듬뿍 담았다.

"아저씨! 실례지만 장가드셨나요. 제가 저번에 별명, 나이, 취미는 뭐냐고 여쭀는데 답이 안 왔더군요. 오빠라고 부르면

안 될까요. 그래서 나이가 몇이냐, 장가는 들었냐는 말을 했잖아요. 이제부터 오빠라고 할래요. 오빠. 제 사진 말예요. 오늘은 꼭 보내요. 이 사진은 제 어릴 적 모습을 찍은 내가 아끼는 사진이예요."

하얀 선드레스에 밀짚모자를 날렵하게 쓰고 등나무 의자에 기대앉아 앙증맞게 웃는 소중한 흑백사진을, 한 번도 본 적이 없는 내게 보내준 공부도 잘하고 얼굴도 예쁘고 샘도 많은 아가씨였다.
  제대를 앞두고, 중학교에 가서도 열심히 하여 훗날 꼭 훌륭한 사람이 되라는 작별 편지를 정성스럽게 써서 부쳤다.

  그의 편지를 어쩌다 본다. 이젠 세월이 많이 흘러 바스락거리는 가랑잎처럼 변했지만, 아직도 말하는 잎새처럼 소곤소곤 속삭댄다. 길을 걷다가 맵시가 나고 기품이 있는 40대 여인을 보면 혹시 그 소녀가 아닐까 다시 쳐다본다.

장독은 허리가 없다

 아마 배꽃 환하던 무렵이었다.
 뽀얀 분칠에 연지곤지 붉게 찍고 오색 종이테이프 휘날리는 시발택시 타고서 큰외숙모가 시집을 왔다. 심심산천 두메산골에 부릉거리며 괴물 같은 자동차가 출현한 것도 놀랄만한 일이었지만, 내 시선을 사로잡은 것은 부축을 받으며 다소곳이 내리던 신부였다. 그 때 새색시의 진한 화장품 냄새는 지금도 코끝에서 아른거린다. 어린 조카는 색시 꽁무니만 졸졸 따라다녔다. 어언 50년의 세월, 원색의 원삼에다가 흰 수건 한삼을 늘어뜨리고 닭 벼슬 같은 족두리를 쓰고서 외갓집 뒷동산 푸른 비탈에서 두리번거리던 숙모가 아련하다.
 그런데 큰외삼촌은 아들 하나 낳고서 무정하게도 집을 나가 버렸다. 자초지종을 잘 모르겠으나, 새신랑은 무엇이 못마땅

했던지 딴 살림을 차렸다. 사랑채에서 먼 산을 바라보며 헛기침만 하는 시아버지에게 조목조목 따지지도 못하는 주변머리 없는 새댁의 복장이 터져버릴 일이었으나, 무던했던 홀앗이는 외가를 굳세게 지켰다. 그런데 외삼촌은 소쩍새가 구슬피 우는 야반을 틈탔는지 봉당을 지키던 누렁이의 인사를 받으며 당당하게 발걸음을 했는지 떡두꺼비 같은 아들을 둘이나 더 낳았다.

외숙모의 삶이 없는 듯 있는 듯 언제나 그 자리를 묵묵히 지키는 장독을 닮았다.

어머니는 혼자 사신다.

바람이 불면 비가 내리면 눈발이 흩날리면 홀로 계신 고향집 노모 생각에 우울해진다. 그렇지만 당신은 언제까지나 그 집을 떠나지 않겠다고 하신다.

마당 한쪽 장독대가 있다. 키 순서대로 장항아리와 조그만 단지들까지 속을 휑하니 비운 채 먼지에 쌓여 키 재기를 하며 늘어서 있지만, 한 때는 장도 퍽 달았고 독도 꽤 반짝거렸다.

시멘트를 쳐 바른 장독대 밑에는 어린 시절 엉뚱한 내 추억이 가득하다.

형과 나는 구루마에 큰 돌멩이를 주우러 이곳저곳 돌아다녔다. 사과궤짝만한 수레에 못으로 홈을 만들어 새끼줄을 매고는 형이 허리에 둘러 앞에서 끌었고, 나는 엎드려 밀었다. 간혹 용기를 내서 형제는 꽤 멀리까지 나아갔다. 커다란 저수지에 다다랐는데, 아득하게 깊어 시퍼런 물속을 보고서 겁을 먹었다. 그 물속에 훌륭한 용왕님이 사시는 것도 같아 신기하였지만, 잘못하다가는 풍덩 빠져 집에 못 돌아갈까 봐 무서웠다. 그렇게 모아 온 돌덩이를 대문 옆에 수북이 쌓아 놓았다. 동네 어른들은 그런 모습을 기특하게 여기셨다. 장독대 바닥을 다질 때, 그 놈들이 진가를 발휘하였다.

몇 해 전까지도 어머니는 불편한 몸을 무릅쓰고 장을 담갔다. 장 빚는 것은 주부의 당연한 자존심이었는데, 나이가 들면 손맛까지 바래지는 것인가. 이것저것 싸주는 것을 집으로 가져오지만, 냉장고에서 딱딱하게 굳어 하얀 곰팡이를 피워냈고 찌개나 국을 끓여도 짜기만 했다.

그 장독대에는 빈 장독만 남았다.

장독은 허리가 없다.
장독은 배만 있다.
그 배는 무엇이든 품는다.

외숙모는 어머니를 가끔 찾는다. 효자 아들과 구여운 손주를 둔 다복한 할머니가 되셨고, 목이 밭은데다가 배는 남산만하여 영락없는 장독의 몸가짐이다. 그리고 누구의 손길도 닿지 않는 마당 한 켠의 장독들은 어머니의 회한을 가득 담아 차근차근 삭히고 있는 것도 같다.

초록, 너는 번지지 마라

이른 봄날.
꽃길을 걷는다.
바람은 아직 찬테, 물 오른 나뭇가지에서 툭툭 터지는 연분홍.
아이 웃음 같은 순전한 꽃 피움.
어찌 화사한 꽃이 먼저 터지고, 푸른 잎새가 그 뒤를 이을까.
저런 어우러짐의 멋을 언제나 알게 될까.
꽃 지면 초록이 샛바람처럼 밀려든다.
그러고 보니 초록 꽃이 있던가.

간밤 빗소리.
이불 속에서도 꽃들이 와르르 졌음을 알겠다.
꿈만 꾸다가, 꽃으로만 피우려하다가….

복사꽃 피는 도원에서 다들 그렇게 살고 싶다.
바람처럼 물처럼 초록의 파문에 고개가 움츠러진다.
그래야 열매를 맺는다지만, 피하고 싶다. 그러나 어쩌지 못한다.
초봄의 새벽은 너무 짧다.
뒤척거린다.
다만….

초록, 너는 번지지 마라.
꽃이 떨어진다.

붉은 소나무

산을 나는 좋아한다.

집 뒤로 한강을 굽어보는 용왕산이 너른 뜨락처럼 펼쳐져 있다. 창문을 열면 코앞으로 달려드는 산등성이. 들장미 화사한 봄이 오면 이내 아카시아 향기 물씬거리고, 밤꽃 피는 여름이 되면 어디서 두견이 날아와 밤새도록 울어대고, 햇살 따사로운 가을이면 떡갈나무 단풍이 불타고, 눈발 분분한 겨울에는 추운 산바람이 쾅쾅 창문을 두들긴다.

그것도 감지덕지인데, 어찌하다가 강원도 소금강 계곡의 산을 소유하게 되었다. 옛날 오죽헌에 살던 율곡은 이 산길을 지나 맑은 물을 찾곤 하였다. 그는 이곳을 '작은 금강(小金剛)'이라 하였다.

오대산 월정사로 가다가 진고개를 넘으면 연곡면 삼산리가 나온다. 아스팔트 길가에 주차하고 산에 오른다. 산줄기가 늠름하다. 호랑이가 놀았을 법한 정상의 잣고개(栢峴)라는 이름도 좋다.

그 산에서 하늘을 향해 당당하게 자라고 있는 붉은 소나무 수 천 그루가 미끈미끈하다. 암반에 뿌리를 두고 척박한 곳에서 거센 동해바람을 맞는 성장, 이 나라에서 최고로 여기는 겉과 속이 같은 황장목黃腸木이다.

붉은 소나무.
소나무 가운데 으뜸이라 금강송이다.
붉고 푸른 소나무는 주변의 녹음이 짙푸르면 더 불타는 색으로 빛난다. 무리지어 촘촘히 서 있어도, 호젓한 선산에 구부정한 허리로 누워 있어도 시선을 끈다. 무슨 인연으로 단심丹心을 품고서 그런 의상을 걸쳤는지 몰라도, 강하지도 약하지도 않아 편안한 느낌이다. 적나라하게 벌거벗은 온전한 질감이니 궁궐이나 사찰의 기둥은 당연히 그런 색조이다.

재질의 강도도 나무 가운데 최고다. 대들보와 서까래는 물론 우물마루를 놓으려면 당연히 이 나무라야 되었다. 백제 사람이 만들었다는 일본의 국보 제1호 목조 미륵보살반가사유상도 마찬가지였다. 일제강점기에 저들은 경북 봉화 부근에 억지로 춘양역을 개통하여 아름드리 화차에 실어 일본으로 빼돌렸다. 붉은 소나무를.

소금강 산에서 불이 크게 났다.

거대한 불길이 온 산을 감싸고 번졌다. 불을 끄려고 버둥거렸지만 어림없었다. 그런데 불기둥이 한순간 말끔히 걷히면서 끌밋끌밋 붉은 소나무들이 나를 향해 일제히 달려온다. 꿈이었다.

몇 해 전, 숭례문이 소실되었을 때 나라의 부름을 받은 대목장은 금강소나무를 알현하려 금수강산을 더듬었다. 다음에 좋은 일이나 궂은 일로 나라에 커다란 공사가 있을 때는 늠름한 나의 붉은 소나무를 동량으로 권해야겠다. 하늘을 향해 위풍당당 붉게 자라는 소금강의 금강송과 오래도록 함께 하고 싶다.

낙타

불같은 모래바다를 건넌다.
삶의 무게가 버거워 거친 숨을 뜨거운 바람처럼 토해 낸다.
그래도 낙타는 걷는다.
용의 얼굴은 낙타이다.
용이 존재하지 않으니, 용을 본 사람은 없다. 그 가상의 동물은 여러 모습을 지녔다. 그런데 가장 중요한 부분인 얼굴을 낙타로 하였다.
왜 그랬을까.
한나라 유방은 중원을 통일하고서 장안에서 로마까지 가는 교역로를 개척하였다. 그 길을 통하여 서양과 동양은 충돌하고 문화와 경제는 소통하였다. 살을 에는 듯한 설산을 거쳐 목이 타는 듯한 사막을 가로질러야 비로소 황금을 보장받는 비단길이었다. 모래언덕 곳곳에 도사리고 있는 흉노족은 그렇다 치고 물도 풀도 없는 모래벌판을 헤쳐 나가야 한다.

　상서로움의 상징인 용이 언제 출현하였는지는 모르지만, 낙타는 오래 전부터 중국에서 최고의 동물로 인정받은 셈이다.

　천년 도읍지 서안의 실크로드 출발점.
　지금은 공원이지만, 그 옛날 이곳은 거대한 시장이었다. 그 한복판에 커다란 조각상이 있다. 서역사람으로 보이는 한 무리의 상인들이 낙타와 함께 있는 모습이 불그스레한 화강암으로 우뚝 서있다. 마치 항구를 떠나 위험한 바닷길을 가르는 커다란 배처럼 위풍당당하다.
　한 쪽에서는 그 머나 먼 노정에서의 평화를 기원하는 듯 울긋불긋 차려입은 아주머니들이 음악을 틀어놓고 태극권을 하고 있다.
　낙타가 몇 마리인가 헤아려본다.

　　낙타야.
　　등허리에 혹은 산처럼 솟았는데,
　　짐도 네 몸뚱이만큼 무겁겠구나.
　　세찬 바람에 사막이 울지언정,
　　뜨거운 보행자, 너는 걷고 또 걷겠구나.
　　목마르면 네 몸 녹여서 마시고,

배고프면 모래바람이라도 씹어 먹겠구나.
넓고 넓은 세상 가리랴,
갈 수 있는 곳이면 어디든.
너는.

얼굴이 마냥 순하다.
그러나 그 놀랄만한 돌파와 인내가 옛날부터 사람들에게 인정을 받아 상서로움의 상징이 되었지 싶다.
낙타는 말한다.

"주저앉지 마라.
낮에는 해를 보고 밤에는 별을 가늠하며, 나는 끝까지 간다."

모래바다를 묵묵히 건너는 곱추동물의 되새김질을 조금 알아 듣기는 하겠는데, 너무나 엄청나서 도무지 엄두가 나지 않는다.
다만 너의 그 뜨거운 뚝심을 사랑한다.
낙타야.

청운산장

   지는 매화, 툭툭 터지는 벚꽃이 재촉하는 봄.
   쌍계사 가는 버스를 기다리는 구례정거장. 귀가하는 학생들로 활기차고, 상급학교에 갓 입학한 앳된 얼굴들이 풋풋하다.
   섬진강 따라 노오란 꽃망울 맺었던 산수유가 군락을 이루고, 구름이 드리운 강기슭에는 은어들이 떼 지어 몰려다니는 것 같다. 멀리 강마을은 고즈넉하고 서산의 해는 붉다.
   화개장터 지나 벚나무 길을 벗어나니 절 입구가 나온다. 다리 건너 즐비한 밥집, 다닥다닥 노점상들. 최치원이 지팡이로 썼다는 '쌍계雙溪'와 '석문石門'이라는 큰 바위 글씨도 그럴듯하지만, 고목을 거꾸로 세워 장승을 만들었는데 호방한 표정도 표정이려니와 뿌리를 머리칼로 빗댄 것이 재미있다. 거꾸로 선 나무에 어떤 깊은 가르침이 있는 것인지.

저녁 예불을 마친 산사, 종각에는 수척한 스님이 가사자락을 걷어붙이고 겅중겅중 뛰면서 북채를 휘두르는데 섬진강의 물고기를 불러들이는 듯 신명이 절로 나고, 팔영루 앞의 목련은 하얀 꽃잎을 하나 둘 떨구며 화답한다.

날렵한 팔작지붕에 화려한 다포집, 일주문을 나서니 어둑한 산마루.
터벅터벅 내려오는데, 바로 모퉁이 집 아궁이에 장작불이 타닥타닥 거리고 가마솥에는 하얀 김이 오른다.
청운산장.
환한 불을 보자 마음이 따스해지고 기웃거리며 들어가니 아주머니가 반긴다. 좁은 앞마당 너머 바로 깊은 계곡, 누마루에 걸터앉아 여닫이문을 열어 보니 구석에 덜렁 이불 한 채, 절 방 같이 적막하다.
자리 펴고 길게 누워 귀를 모으니 계곡 물소리가 여간 아니어 깊어지는 시사詩思가 하릴없다.
입산수도하려고 밤새 뜬눈으로 뒤척였을 중생들의 번뇌가 아로새겨져 있을 법도 하지만, 흙벽 저쪽엔 아가씨들의 억센 사투리가 자장가처럼 감미롭다.
깊어 가는 밤, 편안한 잠, 아득한 기분….
부슬부슬 봄비만 촉촉하다면 더 바랄 것이 없겠지만.

지리산 자락에 아침이 밝는다.

구름 아래 계곡을 내려다보니 물길이 마치 폭포 같다.

찬물로 머리를 감는데, 옆방의 한 아가씨가 뜨거운 물을 살며시 부어 준다. 산나물에 아침을 하면서 호사스런 밤을 보내게 해준 산방 구석구석 여기 한번 저기 한번 눈길을 준다.

행운유수行雲流水.

하동 가는 버스를 기다리면서 청운산장 언저리를 자꾸만 더듬는다.

물푸레나무

'침계梣溪'.
추사의 글씨 '침梣'이다.
물푸레나무'를 더듬는다.
'木'은 물기를 한껏 빨아들여 독이 오른 듯 서슬 퍼렇고, '山'의 세 갈래 산마루는 미끈하니 한결같이 늠름하며, '今'은 물 흐르듯 싱싱한 나뭇가지처럼 자못 활기차다. 화선지를 타작마당 삼아 붓대를 휘두르고 짓이겨 도리깨질한 솜씨다.

어느 날, 김정희는 벗 윤정현尹定鉉에게서 그의 아호인 '침계梣溪' 두 자를 써달라는 청을 받는다.

"침계. 이 두 글자를 부탁받고 예서로 쓰고자 하였으나, 한漢

나라 비문에서 침자를 찾을 수 없어서 감히 함부로 지어 쓰지 못하고 마음속에 두고두고 잊지 못한 것이 벌써 30년이 되었다."

그는 "감히 함부로 지어 쓰지 못한다."고 하였다.
당대 최고의 서가가 쓴다면 못 쓰겠는가. 그러나 그는 30년 동안 궁굴리고 궁굴렸다. 결국 물푸레나무가 그에게 푸르른 스승이었다. 내 눈과 귀로 직접 보고 듣지 못하였기에, 함부로 앞서 나가지 않고 묵묵히 기다리는 겸손함까지 보였고, 마침내 선비의 통찰과 예술의 영감이 어우러져 얼얼한 물푸레나무가 서 있는 시내가 그려진 것이다.
그런데 그는 왜 주저하였을까. 시간을 두려워했을까. 아니 그냥 왔다가 홀연히 사라지는 무상의 공간에서 확연한 족적을 남기고자 했던 것인가.

눈이 많이 내리던 봄날, 관악산에 오르는데 개울가 길섶에서 움이 돋아 하얀 솜털이 보송보송한 앳된 물푸레나무를 만났다. 반가웠다. 가지를 꺾어 물에 담가놓으면 물이 푸르게 변한다 하여 그런 이름을 가졌고, 떠듬떠듬 천자문을 읽던 서동은 저 나뭇가지를 기다랗게 잘라 스승에게 회초리로 내바쳤다. 매서운 회초리가 허공을 획획 가르던 서당, 열 자 쯤 격하여 사제는 마주하였기에 스승은 함장函丈이었다.
어느 고명한 선비가 이른 봄날 한복을 말끔히 차려 입고 집을 나섰다. 누추한 골목은 질퍽거렸고, 혹시 정갈한 옷에 흙탕물이 튈까봐 조심조심 발길을 옮기고 있었다. 그런데 맞은편에서 스승이 다가오고 있었다. 그 진창에서 제자는 공손히 큰절을 올렸고, 그 은사는 묵묵히 인사를 받았다.

변함없이 누구를 존경할 수 있는 것도 행복하고, 그 사랑을 받을 수 있는 존재가 우뚝 빛나는 것도 다행한 일이다. 먼 산은 푸르게만 보이지만, 막상 그 숲에는 생존의 치열함이 엉켜져 있고, 그 고독한 각축은 본능적 움직임이기에 오히려 숭고하다. 그러나 숲이 아닌 인간의 거리에는 배반의 탈을 쓰고 알량한 지성과 하찮은 정서가 유유히 활보한다. 친구 따라 강남 간다고 너도나도 그 대열에서 뒤쳐지지 않는다. 그리고 그러한 정경이 눈에 익다보면 시나브로 그것이 그것 아니겠는가 관대해진다. 마치 높은 전망대에서 휘황찬란한 야경을 내려다보며 속절없이 즐거워하듯이. 그래서 푸릇푸릇한 생명의 숲에는 뜨문뜨문 그 물푸레나무가 의연하게 하늘을 향해야 한다.

평생의 인생사상을 심상에 묵히고 묵힌 뒤 달관의 붓질을 타고 삶의 굽이를 꺾고 꺾여져서 풀어져 나오다가 화심花心을 선명히 찍어야 하는 오롯한 묵적墨跡. 때문에 붓놀림의 모진 내면에는 진한 세월이 먹빛처럼 응축되어야하고, 그 먹물은 신록이 뿜어내는 푸른빛보다 명징하여야 한다. 비문에 글자가 없어 오랜 세월 고민한 것이 아니라, 아마도 그래서였지 않았을까.

봉우리 '잠숙' 정도였다면 호연지기 기른다고 일필휘지하였을 터인데, 바다까지 유장하게 흘러갈 그 길고 긴 헤아림에서야 뚜렷한 자취가 남겨질 터이니.

언덕

텔레비전 화면에 펼쳐지는 이탈리아 어느 바닷가.
호세 펠리치아노의 〈케세라 세라〉가 기타반주로 시작된다.
기탓줄이 끊어질 듯 튕김이 강하지만 소리는 은은하면서도 간결하다.
물결치는 파란 바다언덕에서 선율들이 파도를 타고 유유히 퍼져나간다.
조용하면서도 애잔한 분위기.
그의 노랫가락에 귀를 모은다.

"언덕 위에 서 있는 나의 고향아.
난 이제 너를 떠나서 멀리 가련다~."

가사가 마음에 든다.
언덕배기에 있는 고향을 떠나 그는 어디로 가는가.
아마 그 둔덕은 마지막 낭만처럼 그의 가슴에서 떠나지는 않겠지.
어떻게든 그는 다시 돌아갈까.
결국 그 곳으로.

언덕이 많은 우리나라.
삶의 굴곡은 굽이굽이 언덕인가.
살아서 이 언덕을 치대고, 죽어서 저 언덕을 기댄다.
이 세상 모든 일, 갈 것은 가고 올 것은 온다는데….
신라 경주의 대릉원.
그 흔한 비석이나 상석도 없이 오로지 구릉으로 말한다.
그들은 그 무덤을 저 바벨탑처럼 아니 금자탑처럼 쌓으려 하였을까. 별들이 빛나는 저 하늘, 그런 높이는 허망하다는 것을 알고 있었을까. 혼돈의 정점에서 어디로 가려고 하였을까.
아무튼 왕들의 흔적은 지금도 환하다.

다들 그렇고 그런 부침의 삶이다.
바람 부는 날 언덕바지에 올라 헤아려본다.
나의 침륜沈淪을.
굽이굽이 가없이 넘실대는 물 언덕을 본다.
오늘도 내일도 그 작은 언덕에서 나는 나를 찾는다.

■ 연보

1956년 경기 오산에서 밀양박씨 박용을朴容乙과 경주 김씨 김분기金芬基사이에서 차남으로 태어났다.

성호국민학교, 오산중학교와 오산고등학교를 다녔다.

1985년 한국외국어대학교 중국어학과를 졸업하였다.

1991년 한국외국어대학교 대학원 중문과 석사학위논문으로 《원결元結 시詩 연구研究》를 제출하였다. 논문을 쓰면서 심사위원장이었던 허세욱 선생님의 지적을 어떻게 모면할까 전전긍긍하였는데, 의외로 과분한 칭찬을 받았다.

이 학위논문은 한국방송통신대학교 중문과 필독논문으로 선정되었다.

1992년 《중문학연구中文學硏究》에 〈원결元結 유기문遊記文 내용고內容攷〉를 발표하였다. 《원결元結 시詩 연구硏究》와 〈원결元結 유기문遊記文 내용고內容攷〉를 심화시켜 박사논문《원결연구》를 매듭지으려 하였지만, 그리 하지 못하였다.

1993년 《수필문학사》 강석호 선생님의 추천을 받아 〈고구마 줄거리〉로 등단하였다.

1993년 군대시절 틈틈이 끄적거렸던 글들을 모아 《세간살이》를 출간하였다.

1994년 《창작과 비평》에서 주최한 제1회 창비신인평론상에

만해 한용운 수필을 조명한 〈미망의 반전〉을 응모하였다. 6편이 본선에 올랐다. 최종심사위원인 백낙청·염무웅·최원식은 한용운의 문학세계를 수필을 통해서 접근하는 매우 독특한 방식을 취하고 있다. 인간적 면모가 한결 직접적으로 드러나는 그의 수필을 소상히 검토, 생애사의 모순점과 숨은 이야기를 끌어내 그의 문학세계를 입체적으로 파악하는 방식의 독창성이 주목된다고 하였다.

1995년《어떻게 지내세요》를 썼다.

1997년《한국문예진흥원》의 문예창작지원금으로《수막새의 웃음》을 발간하였다.

1998년《수막새의 웃음》으로《수필문학사》에서 한국수필문학상을 받았다.

심사위원장 김용구 선생님의 호방한 심사평이 인상적이었다.

1999년 윤오영 작가작품론 〈고독의 공감〉을 썼다. 그리고 월간《수필문학》에 3회에 걸쳐 연재하였다.

2000년《한국문예진흥원》의 문예창작지원금을 받아, 수필선집《양수리》와 수필평론집《코끼리 이야기》를 발간하였고,《코끼리 이야기》는 우수문학도서로 선정되었다.

2001년《계간수필》에 근원 김용준의 〈기운氣韻과 성령性靈의 통일〉이라는 평론을 발표하였다. 김태길 선생님께서 평론이 수필 같다고 추천을 미루어 허세욱 선생님과 함께 난감해 하였다.《계간수필》에 게재된 이 평론을 본 윤모촌 선생님께서 좋은

글이라며 축하해 주셨다. 그 인연으로 윤모촌 선생님을 가까이서 뵐 수 있었다.

  2003년 정목일 선생님 추천으로 《선수필》 편집위원이 되어 1년 동안 일하였다.

  2003년 금아를 뵙고, 수필집 《인연》을 받았다.

  피천득 선생님의 작가작품론 〈사랑의 인사〉를 썼다.

  2007년 수필평론집 《현대한국수필론》이 출간되었고, 여기에 실렸던 〈유머의 에스프리〉가 《수필세계》에 게재되었다. 그리고 〈수필로 쓰는 수필론〉을 7년 동안 연재하였다.

  2007년 분당메모리얼파크 등기이사가 되었다.

  2008년 《현대한국수필론》으로 이철호 선생님의 《한국문인》에서 평론문학상을 받았다.

  2009년 한경이라이프에서 현대한국수필선집 《그는 비우고, 그녀는 채우고》를 출간하였다.

  2010년 윤재천 선생님의 《그림 속의 수필》에 〈말하는 잎새〉가 수록되었다.

  2010년 한경이라이프에서 4인수필선 《말하는 잎새》를 출간하였다.

  2011년 한국국제협력단(KOICA)에서 발행한 《한국의 슈바이처들》을 엮었다.

  2011년 수필로 쓴 수필론 《우물마루》를 《북나비》에서 기획 출간하였다.

2013년 윤재천 선생님의《오늘의 한국 대표수필 100인선》에 〈무리지어 피는 꽃〉이 수록되었다.

2014년《선수필》에서 기획한《한국현대수필 75선》에 〈섬〉이 수록되었다.

2014년 한경이라이프에서 4인수필선《웃음을 깨물다》를 출간하였다.

2015년 제4수필집《물푸레나무》와 제4수필평론집《현대한국수필론Ⅱ》를 탈고하였다.

《현대한국수필론Ⅱ》에는 수필로 쓴 수필론과 김태길·윤모촌·김용구·허세욱·정진권 선생님의 작가작품론을 수록할 예정이다.

현대수필가 100인선 Ⅱ · **31**
박장원 수필선

초록, 너는 번지지 마라

초판 인쇄 2016년 12월 01일
초판 발행 2016년 12월 05일

지은이 박장원
펴낸이 서정환
펴낸곳 수필과비평사 · 좋은수필사
주소 서울시 종로구 삼일대로 32길 36(운현신화타워 빌딩) 305호
전화 02)3675-5635, 063)275-4000 팩스 063)274-3131
등록 제 300-2013-133호
이메일 sina321@hanmail.net essay321@hanmail.net

저작권자 ⓒ2016, 박장원
이 책의 저작권은 저자에게 있습니다. 서면에 의한 저자의 허락없이
내용의 일부를 인용하거나 발췌하는 것을 금합니다.

저자와 협의, 인지는 생략합니다
잘못된 책은 바꿔 드립니다

ISBN 979-11-5933-068-1 04810
ISBN 979-11-85796-15-4 (전100권)

값 7,000원

이 도서의 국립중앙도서관 출판예정도서목록(CIP)은 서지정보유통지원시스템 홈페이지
(http://seoji.nl.go.kr)와 국가자료공동목록시스템(http://www.nl.go.kr/kolisnet)에서
이용하실 수 있습니다.(CIP제어번호: CIP2016028985)